KB194627

삼손 X-파일

세움북스는 기독교 가치관으로 교회와 성도를 건강하게 세우는 바른 책을 만들어 갑니다.

삼손 X-파일

혼돈의 시대, 정체성 전쟁에서 승리하는 법

초판 1쇄 발행 2023년 12월 10일
초판 1쇄 발행 2023년 12월 15일

지은이 | 이흥길
펴낸이 | 강인구

펴낸곳 | 세움북스
등 록 | 제2014-000144호
주 소 | 서울특별시 종로구 대학로 19 한국기독교회관 1010호
전 화 | 02-3144-3500
팩 스 | 02-6008-5712
이메일 | cdgn@daum.net

교 정 | 김민철
디자인 | 참디자인

ISBN 979-11-91715-19-4 (03230)

이홍길 지음

삼손 X-파일

세움북스

Recommendation
추천의 글

『삼손 X-파일』을 단숨에 읽어 내려가며 가슴속에서 일어나는 영적 감흥을 느낍니다. 이미 친숙한 이름인 나실인 사사 삼손의 생애와 사역에 대한 새로운 통찰과 지식과 적용이 입체적으로 제시되어 있기 때문입니다. 저자 안에서 역사하신 성령의 은혜가 제게도 효과적으로 전달되고 있습니다.

호기심을 자극하는 이야기에 학문적 틀을 갖춘 성경 지식이 간결하고 명확하게 서술되고 있어서 지루한 줄 모르겠습니다. 주제들이 조화롭게 배열되어 있고, 그 주제 아래 문제를 제시하고, 원인을 분석하며, 성경적 해결책을 찾아 독자의 실제 신앙생활에 적용하도록 도전하고, 앞으로 이 분야 연구 방향의 가닥을 잡아 가도록 격려하는 점이 좋습니다.

특히 각 장 마지막에 있는 스터디 가이드는 그룹 토의와 개인 적용의 시너지를 얻게 합니다. 마무리하는 부분에서 언급한 국제 사회 다문화 속의 한인 청소년 정체성에 대한 인식과 격려와 도전에 공감합니다. 이것은 미국을 비롯한 해외 교민 사회만 아니라 다민족을 품게

된 한국 사회에서도 신중하게 고려할 사항으로 받아들여집니다.

하나님을 경외하는 것이 지식과 지혜의 근본임을 확인하고, 삼손의 약점을 하나님의 은혜로 극복하여 이 시대 속 우리의 믿음과 실천에 적용하도록 귀한 책을 내 주신 저자에게 감사드립니다. 동시에 본서를 독자들에게 즐거운 마음으로 추천합니다.

❚ **김만풍** (아노덴연구소 대표)

너무도 재미있었습니다. 제가 세상에 글을 내놓을 때, 독자들에게 가장 받고 싶은 한 가지 찬사가 있다면, 그것은 '재미있다'라는 말입니다. 저는 이홍길 교수님의 글이야말로 바로 이 찬사를 받기에 충분하다는 것을 느꼈습니다. '재미있다'는 것은 마음과 생각을 사로잡는 힘이 있다는 뜻입니다. 삼손에 대한 저자의 묵상은 우리의 마음과 생각을 사로잡기에 부족함이 없었습니다. 이 책은 삼손이라는 한 사람을 통해서 우리의 인생과 신앙 전체를 진지하게 돌아보고 고민하게 만듭니다. 성경에 대한 저자의 깊은 식견을 바탕으로 학자적인 객관성과 목회자적인 영감성이 조화롭게 어우러졌습니다. 또한 모호함이 없이 명쾌한 해석과 방향을 제시해 주고 있습니다. 그러기에 이 책은 설교로 고민하는 목회자들에게는 가뭄에 단비와 같은 시원한 청량제가 될 것이고, 흔들리고 휩쓸리는 삶의 현장에서 믿음의 삶을 고민하는 성도들에게는 희망의 빛이 되어 줄 것입니다.

저는 목회자뿐 아니라 모든 성도들이 이 책을 통해서 자신의 신앙 여정을 되돌아보는 기회를 가지기를 소원합니다. 이 한 권의 책이 모든 독자들에게 모처럼 뜨거운 신앙수련회를 가진 느낌을 선사하게 될 것이라 확신합니다. 많은 영감과 식견과 감동을 한 권의 책 속에 담아 주신 저자의 노고에 큰 박수를 보냅니다. 아울러 모든 성도들에게 이 귀한 책을 일독할 것을 강력히 추천합니다.

▎박지웅 (내수동교회 담임목사)

금번에 이홍길 박사가 『삼손 X-파일』이라는 제목으로 성경 인물 중 비교적 자주 회자되는 사사 삼손에 대한 귀한 책을 출판하게 된 것을 기쁘게 생각합니다. 성도들은 삼손의 이야기를 한 사사의 성공과 실패의 관점에서만 접근하고 이해하곤 합니다. 성도들은 삼손의 성공적인 이야기를 읽을 때는 박수를 치고, 삼손의 실패 이야기를 읽을 때에는 한심하다는 반응을 보입니다. 그리고 삼손의 이야기는 삼손의 것일 뿐 나와는 무관한 것처럼 생각합니다. 성경에 신중하게 접근하는 성도는 삼손 이야기를 성도들의 도덕적 삶에 경종을 울리는 본으로 받아들이기도 합니다. 물론 성경 속의 어떤 인물이든지 그들 삶의 성공적인 면과 부족한 면을 통해 성도들의 삶에 도덕적인 경종을 울리는 것은 사실입니다.

그런데 저자의 『삼손 X-파일』은 하나님의 구속사적인 관점에서 이야기를 해석했다는 특별한 장점을 가지고 있습니다. 본서는 이와 같은 구속사적인 접근을 통해 오늘을 사는 성도들의 정체성이 무엇인지를 다시 한 번 묵상하게 만듭니다. 하나님은 창세기부터 요한계시록까지 하나님의 구속사의 시작과 진행과 완성을 계시해 주셨습니다. 성경에 기록된 한 사건이나 인물의 이야기가 그 사건과 인물 자체에도 의미를 부여하지만, 그 사건과 인물은 하나님의 구속사 진행과 깊은 관계를 가지고 있습니다. 예를 들면 구약의 아브라함이 그렇고, 신약의 바울 사도가 그렇습니다. 그러므로 저자의 『삼손 X-파일』은 독자들에게 도전이 되는 책이요, 성경의 인물을 연구할 때 어떤 방법이 바른 길인지를 보여 주는 책이기에 적극적으로 일독을 권합니다.

❙ 박형용 (합동신학대학원대학교 명예 교수)

『삼손 X-파일』 원고를 받고 단숨에 읽어 내려갔습니다. 이 책은 3천년 전 사사 시대를 살았던 삼손의 이야기를 오늘날과 연결시킨 역작이라는 생각이 들었습니다. 서문에 밝힌 대로 자기 소견에 옳은 대로 살아가던 사사 시대 사람들의 사고방식과 생활 양식은 포스트모더니즘 시대를 살아가는 우리의 자화상을 보는 것 같습니다. 그 시대를 살았던 삼손의 이야기를 통해 오늘 우리 삶을 비추어 보고, 영적인 교훈을 얻으려는 저자의 혜안은 이 책 전반에 걸쳐 저자의 삶의 이야기에 배어 있습니다.

저자는 설교학 교수입니다. 그는 신학자로서 삼손 이야기를 단순히 성경 영웅의 이야기나 실패한 사사의 관점에서 기술하는 것으로 그치지 않고, 학자적인 주해를 통해서 하나님의 이야기로 승화 시켰습니다. 사사로서 민족을 구원한 영웅 삼손이 나실인으로서는 실패한 삶을 살았지만, 하나님께서 한 인간의 실수와 실패를 성공의 이야기로 바꾸어 주셨다는 결론은 은혜의 복음을 선포합니다. 이 책은 그 삼손 이야기가 우리 삶의 이야기가 될 것을 확신하게 만드는 힘이 있습니다.

한편 저자는 목회자로서 성도들이 살아가는 삶의 현장을 살피고, 이민 가정이 겪는 자녀 양육의 갈등과 한계를 누구보다 잘 알고 있습니다. 삼손 가정의 이야기에는 그런 목회적인 문제에 대한 통찰력이 곳곳에 배어 있습니다. 이 책은 이민 교회의 성도들뿐만 아니라 세대 간의 갈등을 경험하며 믿음을 전수해 주어야 할 부모들에게 큰 격려와 실제적인 도움을 제공해 줄 것입니다. 자녀들뿐만 아니라 부모 자신이 먼저 우리 인생의 주인이신 하나님을 만나게 될 것이기 때문입니다.

또한 저자는 청년 사역에 힘을 쏟는 목회자로서 이 세상에서 수많은 유혹과 세속적인 가치 속에 살아가는 젊은 청년들을 위해 꼭 들려주고 싶은 이야기를 이 책에 담고 있습니다. 젊은 시절 우리도 삼손과 같이 실패하고 넘어질 수 있지만, 우리 인생의 진정한 주인이 하나님이심을 기억하고, 결국 하나님께서 계획하신 뜻을 이루실 것을 잊지 말라는 따뜻한 위로와 격려가 오랜 울림으로 마음에 남습니다.

저는 이 책을 읽으면서 삼손 이야기는 이 시대를 살아가는 모든 그리스도인의 이야기이며, 동시에 모든 세대를 향한 복음 메시지라는 사실을 다시 한 번 깊이 깨닫게 되었습니다. 이 책을 읽게 될 모든 독자들 역시 3천 년 전 삼손의 이야기가 자신의 이야기임을 공감하게 되고, 우리를 부르시고 다시 일으켜 세우시며 결국 당신의 뜻을 이루어 가시는 진정한 역사의 주인공을 만나게 될 것입니다. 그리고 그 이야기는 우리가 받은 복을 더욱 빛나게 하며, 우리로 하여

금 삼손에 관한 새로운 이야기꾼이 되게 할 것입니다. 연구와 집필을 통해서 이 귀한 일을 감당한 저자에게 깊이 감사드리며, 그 인내와 수고가 이 시대와 오는 세대의 믿음의 사람들에게 큰 울림을 안겨 줄 것을 기대합니다.

┃ 백신종 (벧엘교회 담임목사, 고엘신학교 총장)

삼손과 들릴라 이야기는 우리 모두의 어린 시절에 어머니가 들려주시던 재미있는 성경 이야기 중 빼놓을 수 없는 소재였습니다. 삼손 이야기는 흥미 있는 이야기가 갖춰야 할 모든 극적인 요소를 다 포함하고 있기 때문입니다. 하지만 우리의 신앙이 자라면서, 이스라엘이 블레셋으로부터 오랜 시간 고통을 당하던 시기에 사사로 부름을 받았지만 하나님께 받은 사명을 바르게 감당하지 못한 삼손이 성경 이야기에 영웅처럼 등장한다는 것이 불편하게 느껴지기도 합니다. 때론 이 시대에 들려지는 삼손 이야기가 하나님께서 우리와 우리 자녀들에게 들려주시려고 하셨던 이야기의 본질을 왜곡한 것 같기도 했습니다. 저자 이홍길 목사님은 『삼손 X-파일』을 통하여 우리가 불편하게 느끼고 있던 것에 대해 성경에 근거하여 삼손이 사사였을 뿐만 아니라 나실인이었다는 관점에서 신실하게 대답해 주고 있습니다.

한편 이 시대는 많은 그리스도인 부모들마저 세속적인 가치관에 물들어 세상의 성공과 업적을 강요하는 자녀 교육에 몰두하는 불행한 시대입니다. 저자는 이 책을 통하여 삼손 같은 자녀를 길러 내는 것을 통렬하게 비판하며 경고하고 있습니다. 삼손과 거의 동시대에 살았던 나실인이요 사사였던 사무엘의 삶과 비교 분석하면서, 그리스도인이 이 혼돈의 시대에 나실인과 같은 거룩한 정체성을 가지고 각자에게 주어진 소명을 이루어 내야 할 사사 같은 삶을 살아야 한다고 독려합니다. 물론 이는 복음을 따르는 예수 그리스도의 제자의 삶의 모형을 말하고 있는 것이기도 합니다.

자라나는 우리의 자녀들이 복음 안에서 하나님의 사랑받는 자녀로서 자신의 정체성을 확립하고 성서적인 세계관을 갖도록 신앙을 교육하고 훈련해야 한다는 것은 아무리 강조해도 지나치지 않습니다. 저자는 성서적인 바른 정체성과 세계관을 가질 때에야 비로소 자신의 소명을 발견할 수 있고, 평생 동안 하나님의 손에 붙들리는 은혜 가운데 열매 맺는 풍성한 삶을 살아 낼 수 있다고 말합니다. 따라서 부모는 자녀에게 어떤 상황에서든지 그 마음에 뿌리박힌 죄성을 깨달을 수 있도록 영적인 질문을 던지며 말씀을 가르쳐야 하고, 세상의 가치관으로 무장해 가는 자녀들에게 영적 진리의 날카로움을 맛볼 수 있도록 가르쳐야 한다고 단호히 말합니다. 부모님들이 먼저 깨닫고 변하지 않고서는 자녀들이 복음 안에서 바른 신앙을 갖도록 양육할 수 없습니다.

이 책에서 새롭게 읽고 배우는 삼손 이야기는 여전히 재미있고 잘 읽힙니다. 아울러 탄탄한 성서 연구를 거쳐 전달하는 저자의 메시지는 독자들이 자녀 교육에 관하여 새로운 결단과 각오를 갖도록 해줄 것입니다. 그리스도인 자녀 교육이 세속화로 치닫는 이 시대에서 살아가는 모든 부모님들과 사역자들이 꼭 읽어야 할 책이라고 강력히 추천합니다.

▌ **안종혁** (신시내티대학교 석좌 교수, 『길갈, 고난 끝에 맛보는 하나님의 은혜』 저자)

민수기 6장 나실인 규례에 따르면, 이스라엘 백성 중에 남자나 여자가 특별한 서원, 곧 나실인 서원을 하고 자기 몸을 구별하여 여호와께 드리기 위해서는 포도주와 독주를 멀리하고 구별하는 모든 날 동안은 삭도를 절대로 자신의 머리에 대지 말아야 했습니다.

삼손은 날 때부터 하나님의 은혜로 말미암아 나실인으로 하나님께 바쳐진 존재였습니다. 삼손은 당시 이스라엘 백성들이 거룩하신 하나님께 바쳐진 언약 백성임을 상징적으로 보여 주는 존재였습니다. 하지만 그는 평생 동안 하나님의 거룩한 규례를 따르기보다 자신의 세속적 욕망을 따라 살아갔습니다. 하나님께 거룩하게 구별된 나실인으로 부름을 받았으나 거룩한 부름과 전혀 상반된 삶을 살았던 삼손의 인생은 성부 하나님의 선택에 대하여 근본적인 질문을 던집니다. '창세전에 성부 하나님께 일방적인 은혜로 택함 받은 하나님의 자녀들이라도 이 세상을 살아가는 동안에 하나님의 뜻을 깨닫지 못하고 불순종의 길을 걷는다면, 하나님의 선택은 취소될 수 있는가?'

저자 이홍길 박사는 삼손의 출생에 담긴 놀라운 비밀을 추적하는 과정에서 이 질문에 대한 해답을 발견하고 독자들에게 그 X-파일을 공개하였습니다. 나실인으로 가장 특별한 능력을 가졌던 삼손의 이야기는 그리스도인에게 하나님께서 기대하시는 삶에 대한 많은 고민과 도전을 던져 줍니다.

저자에 따르면, 삼손은 사사로서 자신의 거룩한 역할에는 도무지 관심도 없었고 오직 육체적 쾌락을 사랑으로 착각하며 살다가 인생의 가장 비참한 상황에 내몰렸습니다. 그럼에도 하나님은 그렇게 실패한 삼손에게 거듭 찾아오셨고, 그의 삶을 통해서 이스라엘을 구원하시려는 계획을 멈추지 않으셨습니다. 삼손은 하나님의 비상한 은혜와 섭리 안에서 나중에 결국 머리털이 밀리고 두 눈이 뽑힌 뒤에야 하나님을 진정으로 의지하는 마음을 갖게 되었습니다. 그리고 여호와 하나님이 자신이 발휘하는 괴력의 근원이신 것도 진정으로 깨닫게 되었습니다. 게다가 자신에게 다시 초자연적인 힘을 주실 수 있는 분도 하나님밖에 없음을 분명히 믿게 되었습니다. 그래서 삼손은 결국 기도를 회복할 수 있었습니다.

우리 신자들도 신앙생활을 하다 보면 때로는 실패할 수도 있고, 넘어질 수도 있습니다. 그러나 우리 인생의 배후에 여전히 살아 역사하시며 우리 신자들과 동행하시는 하나님은 단 한 번도 우리의 구원을 성취하심에 실수하지도 않으시고 실패하지도 않으십니다. 우리 신자들에게는 실패한 자리처럼 보이지만, 그 순간까지도 우리 신자들을 포기하지 않으시는 하나님은 당신의 은혜를 다시 깨닫게 하시고, 하나님의 은혜 안에서 소망을 회복시켜 주십니다. 모든 것을 합력하여 선을 이루시는 하나님은 실패한 것처럼 보이는 삼손의 인생, 그리고 우리 신자들의 인생을 결국 명예의 전당인 거룩한 영광의 나라로 그렇게 반드시 인도하십니다. 이 책을 읽는 모든 분들께 우리 하나님의 은총이 함께하시길 기원합니다.

❙ 이승진 (합동신학대학원대학교 설교학 교수)

저는 어린 시절부터 교회를 다니며 삼손 이야기를 설교에서 자주 들었습니다. 한번은 여름 성경 학교 주제가 아예 삼손이어서, 삼손 이야기 전부를 주제 설교와 성극, 공과를 통해 그 기간 내내 배운 적도 있었습니다. 주일학교 시절 남자아이들이 흔히 그렇듯, 영웅 서사에 신앙을 버무린 이야기는 가장 흥미롭고 열광할 수 있는 주제였습니다.

신학생이 되어 구약 성경의 역사서를 읽는 방법론을 배우고, 신학적, 윤리적 논쟁들을 다루면서부터 삼손 이야기를 더 이상 단순한 신앙 영웅 서사로 읽어 낼 수 없음을 알게 되었습니다. 족장이든, 사사든, 왕이든, 예언자이든, 인간이 역사의 주인공이 된다면, 실패와 오류와 모순으로 가득한 그들의 인생에서 메시지도, 소망도, 모범도 발견할 수 없기 때문입니다. 결국 인간의 연약함과 실패와 모순에도 불구하고, 인류 전체를 구속하시려는 뜻을 이루어 가시는 하나님이 주인공이자 주권자이심을 인정할 때에야, 역사서의 본문을 이해할 수 있고, 그 안에서 믿음과 소망과 사랑을 발견할 수 있습니다.

신학생 시절 동기로서 뛰어난 학업 성취도에서도, 경건한 신앙에서도, 온화한 인격에서도 제 모범이 되었던 이홍길 박사의 삼손 해설서가 드디어 단행본으로 나오게 되어 기쁩니다. 오래전에 삼손에 대한 책을 쓰고 있다는 이야기를 듣고 마음으로 기다리며 응원하고 있었습니다. 다 읽고 보니 몇 주에 걸쳐 주일마다 사사기의 삼손 본문으로 강해 설교를 들은 듯합니다. 해석의 정확성과 두드러진 균형감, 쉬운 설명이 가장 큰 장점이지만, 무엇보다 신자로서, 부모로서,

자녀로서 우리가 어떻게 살아가야 할지를 돌아보게 하는 점이 유익합니다.

┃ 이재근 (광신대학교 역사신학과 교수)

평소 사랑하고 존경하는 이홍길 교수님의 『삼손 X-파일』을 받아 들고 깜짝 놀랄 만큼 단숨에 읽어 내려갔습니다. 마치 감동적이고 드라마틱하게 잘 구성된 웅장한 드라마 한 편을 총천연색 영상을 통하여 흥미진진하게 감상하는 것 같았습니다. 삼손 내러티브를 아주 섬세하게 분석하고 해설하며 적용하는 내용이 탁월했습니다. 무엇보다도 저자가 하나님을 뜨겁게 사랑하는 것이 느껴졌고, 삭막한 광야같은 인생길에서 상처받고 망가지고 실패하여 끝 모르게 방황하는 영혼에게 다가가 사랑하고 어루만지려는 마음이 강력하면서도 따스하게 느껴졌습니다.

우리는 하나님의 놀라운 은혜 가운데 예수 그리스도의 재림을 앞둔 21세기 글로벌 선교 시대에 살고 있습니다. 새 언약 시대에 글로벌 선교 시대를 활짝 열어 주신 것은 전적으로 하나님의 크신 은혜이며 섭리의 역사입니다. 하지만 삼 년 이상 지속된 글로벌 팬데믹으로 말미암아 그 어느 때보다도 많은 사람들이 한 치 앞을 내다볼 수 없는 현실 앞에서 고통, 불안, 상실감, 그리고 아픔으로 신음하고 있습니다. 이렇게 아픈 시대에 저자는 고난 가운데서도 아름다운 그리스도인 가정의 모범적인 가장으로, 신학교에서 설교학을 강의하는 교수로, 디아스포라 이민 교회에서 아픈 영혼을 어루만지고 말씀을 선포하며 양 무리를 돌보는 목사로 맡은 사명을 치열하게 감당해 오고 있습니다.

『삼손 X-파일』은 특히 결혼을 앞두고 인생의 미래를 기도하며 설계하는 청년들에게 아주 귀한 선물이 될 것입니다. 교회에서 성경 공부 교재로 활용하여 읽고 토론하고 나누며 함께 기도하면 은혜 안에서 영적으로 함께 성장하는 도구로도 아주 귀히 쓰임 받으리라 생각합니다. 특히 하나님께서 각 언약의 가정에 선물로 주신 언약의 자녀들을 그리스도 안에서 믿음으로 양육하고 그들에게 성경적인 세계관을 심어 주는 데 영적인 이정표를 제공하리라 확신합니다.

『삼손 X-파일』은 말세지말을 살아가는 그리스도인들이 하나님께서 그리스도 안에서 각자에게 주신 사명과 소명을 발견하는 데도 촉매 역할을 할 것입니다. 눈 깜짝할 사이에 지나가는 짧은 인생길에서 하나님의 영광을 위하여 귀하고 아름답게 헌신된 인생을 살아 내고 싶은 모든 그리스도인들에게 마치 사막 길을 지나가다 시원한 오아시스를 만난 것 같은 기쁨을 선사할 것입니다. 나아가 모든 독자들이 하나님의 은혜 안에서 그리스도인으로서의 견고한 정체성을 회복하고 성령의 인도하심 가운데 각자 삶의 영역에서 헌신된 삶을 살아 내는 데 한 줄기 빛을 비춰 주리라 생각합니다.

┃ 전정구 (훼이스신학교 성경 신학 및 조직 신학 교수)

'삼손은 장렬하게 전사하며 마침내 사사의 사명을 성공적으로 이루어 낸 영웅으로서 구원자 그리스도에 대한 예표인가, 아니면 사명과 소명을 저버리고 개인적 탐욕에 빠져 버린 비참한 실패자인가?' 그간의 삼손 해석은 통상적으로 이 두 입장의 하나를 취하는 양상이었습니다. 그러나 이 책의 저자는 '삼손이 사사 역할을 성공적으로 수행하여 성공하였는가, 아니면 비참하게 실패한 자로 전락하고 말았는가'라는 관점으로 삼손을 해석하는 것 자체를 거부합니다. 저자는 역할을 성공적으로 수행했는지 여부가 아니라, 그의 정체성이 무엇인가를 근거로 삼손을 해석해야 한다는 입장을 견지합니다. 그래야만 삼손을 성경적 관점에서 제대로 해석해 낼 수 있다고 저자는 확신합니다. 하나님께서 삼손을 향한 특별한 의도를 갖고 그런 정체성을 가진 사람으로 부르셨기 때문에 그의 정체성을 기준으로 그를 해석해야만 하나님께서 그에게 의도하신 것이 무엇이고, 그것이 어떻게 삼손에게서 드러나고 있는가를 정확히 밝힐 수 있기 때문입니다. 저자가 주목하는 하나님께서 부여하신 삼손의 정체성은 물론 나실인이면서 동시에 사사라는 점입니다. 저자는 이것을 양립하기 힘든 딜레마라는 관점에서 삼손 이야기를 풀어 갑니다.

한편 저자가 삼손을 그리스도에 대한 예표라고 섣부르게 단정하는 것을 유보하는 것도 이 책의 흥미롭고 독특한 점입니다. 저자는 삼손을 그리스도의 예표라고 단정하기보다는 오히려 이 시대의 그리스도인들을 위한 이정표라는 입장을 취합니다. 사사 시대에 하나님께서 나실인으로 보내신 삼손이 사사 시대와 방불한 이 시대에서 하나님께서 보내신 사람들로 살아가야 할 우리 그리스도인들에게 이정표가 된다고 저자는 믿습니다. 하나님은 사사 시대에 삼손을 보내시고 그에게 기대를 가지셨던 것처럼, 그리스도인들을 이 시대에 보내시고 우리에게 기대를 갖고 계신다고 하면서 삼손을 그리스도보다는 그리스도인들에게 대비시켜 연결해 나갑니다.

각 장의 끝에는 독자 스스로 더 깊이 묵상하고 탐구할 수 있도록 스터디 가이드를 제공해 독자들을 친절하게 배려한 점도 이 책이 갖고 있는 고마운 점입니다.

저자의 삼손 해석은 명료하면서 신선하고 도전적이면서 심도가 있습니다. 그리고 차근차근 읽어 나가는 동안 신선한 충격과 흥미진진한 관심을 불러일으킵니다. 설교학자요 강단의 설교자로서 다른 설교자와 강단 아래의 청중을 품에 안고 본문을 풀어 나가는 정성과 열정이 물씬 느껴져서 이 책은 정겹기까지 합니다. 우리에게 익숙한 삼손 본문을 새로운 관점에서 만나 보고 싶은 설교자와 성도들에게 이 책을 권하고 싶습니다.

정창균 (설교자하우스 대표, 합동신학대학원대학교 전 총장)

Contents

차례

Acknowledgment
감사의 말

미국 유학은 길고도 힘겨웠습니다. 공부도 힘들었지만, 무엇보다 아내와 두 아이들의 희생이 참 컸습니다. 읽어야 할 책과 써야 할 페이퍼에 늘 쫓기면서 아이들에게 늘 바쁜 아빠의 모습을 크게 남겼습니다. 그런 빈자리를 아내가 기도와 사랑으로 채웠습니다. 그래서 지나고 보니 하나님의 은혜였음을 고백하지 않을 수 없습니다.

이 지면을 빌려 각자의 자리에서 자신이 감당해야 할 희생을 마다하지 않고 묵묵히 저를 격려해 주고 지지해 준 사랑하는 아내와 딸 예빈, 아들 예루에게 말로 다 할 수 없는 깊은 감사의 마음을 전합니다. 아들이 시작한 공부를 포기하지 않도록 마지막까지 격려해 주시고 지금은 하나님 품에 계신 아버지와 아들을 위해 늘 눈물로 기도하시는 어머니, 그리고 부족한 사위를 위해서 격려해 주시고 기도해 주시는 장인 장모님께 진심으로 감사의 마음을 전합니다.

무엇보다 부족한 저를 만지시고 다듬으시며 오늘까지 인도해 주신 하나님의 크신 사랑에 감사드립니다. 돌아보니 광야와 같은 유학 생활과 이민 목회를 통해서 온실을 벗어나 좌충우돌하며 복음의 은혜를 깨달았습니다. 모든 영광을 오직 하나님께만 올려 드립니다.

　　내가 나 된 것은 하나님의 은혜로 된 것이니 내게 주신 그의 은혜가 헛되지 아니하여 내가 모든 사도보다 더 많이 수고하였으나 내가 한 것이 아니요 오직 나와 함께하신 하나님의 은혜로라

　　_고전 15:10

Preface
서문

"아빠, 책 읽어 주세요!"

아이들이 어릴 적에 틈나는 대로 책을 읽어 주었습니다. 읽고 싶은 책을 골라 오라고 하면 아이들은 신이 나서 이 책 저 책 한 아름씩 낑낑대며 들고 왔습니다. 그 모습을 보고 놀라는 아빠 얼굴에 재미있어 하던 아이들 모습이 눈에 선합니다. 저는 늘 시간에 쫓기며 살았기에 그 많은 책을 다 읽어 줄 수 없어서 산더미처럼 쌓인 책을 놓고 아이들과 심각하게 밀당을 하곤 했습니다.

그중 둘째인 아들이 절대 양보하지 않았던 책들 중 한 권이 페니 프랭크의 『힘센 자, 삼손』(기독지혜사)이었습니다. 아들이라 그런지 다이내믹한 내용이 가득한 삼손 책을 유난히 좋아했습니다. 성경 동화책 속의 삼손은 그야말로 영웅이었습니다. 나귀 턱뼈로 블레셋 군인들을 물리치는 장면을 읽어 줄 때면, 아들은 마치 자신이 삼손이라도 된 것처럼 흥분해서 손뼉을 치곤 했습니다. 다곤 신전을 무너뜨리고 장렬히 전사하는 삼손 앞에서 아이들은 영웅에 대한 존경심으로 숙연해졌습니다. 책 속의 삼손은 아이들의 영웅이 되기에 조금도 부족함이 없어 보였습니다. 그러나 사사기를 묵상하면 할수록 영웅 삼손에 대한 물음표가 머릿속에서 떠나지를 않았습니다. 풀리지 않는 많은 의문점들은 저를 계속 혼란스럽게 만들었습니다. '삼손은 정말 영웅이었을까?'

눈코 뜰 새 없이 바빴던 어느 해 여름, 모든 것을 뒤로하고 머릿속을 맴도는 질문에 홀린 듯 삼손을 파헤치기 시작했습니다. 하나님께서 제 등을 떠밀고 계신 듯한 느낌을 받으면서 저는 그렇게 삼손 X-파일 작업에 몰두했습니다. 하나를 풀면 하나가 막혔고, 그것을 풀어내기 위해 씨름을 해야 했습니다. 정말 감사하게도 고난이도의 퍼즐처럼 얽히고설켜 있던 삼손의 비밀 조각들이 하나하나 제자리를 찾아갔습니다. 그리고 마침내 마지막 조각을 완성할 수 있었습니다. 바로 영웅이 아니라 많은 연약함에도 오직 하나님의 은혜로 살았던 삼손!

이제 삼손 X-파일을 하나하나 열어 보려 합니다. 그리고 제가 삼손 X-파일을 연구하면서 받았던 하나님의 놀라운 은혜와 한 조각 한 조각의 퍼즐이 맞춰질 때마다 느꼈던 희열을 이 책을 읽는 모든 독자들도 동일하게 경험하기를 기대하며 기도합니다.

삼손이 살던 때에 모든 사람들은 자신의 생각이 옳다고 여기며 자기 마음이 가는 대로 살았습니다.[1] 오늘날과 정말 비슷하지 않습니까? 포스트모더니즘 시대에서 '절대 진리'는 구시대의 유물이 되어 버렸고, '상대적인 가치'가 마치 진리인 듯 여겨지고 있습니다. 진리를 찾는 사고나 노력을 격려하는 것처럼 보이지만, 막상 진리를 찾았다고 말하면 그것은 참된 진리가 아니라고 말합니다.[2] 오히려 요즘에는 '절대 진리'를 찾기보다는 자신의 입맛에 맞춰서 '자신이 원하는 진리'를 만들어 가는 것이 더 인정받는 시대입니다. 사람들은 이런 모습을 매력적으로 여기고, 이런 모습을 추구하는 사람을 부러워합니다. 이처럼 우리는 역사적으로 반복되고 있는 또 하나의 사사 시대를 살고 있습니다. '절대 진리'가 놀림을 받고 웃음거리가 되는 반복된 사사 시대를 살고 있습니다. 우리는 이런 시대 상황 속에서 어떻게 살아야 할까요? 사사 시대를 살았던 사람들의 모습을 통해 우리가 가야 할 길을 볼 수 있지 않을까요?

사사기 13-16장을 연구하면서 사람들은 크게 두 가지 반응을 보입니다. 첫째, 삼손을 하나님의 구원 계획에 쓰임 받았던

---

[1] "그때에는 이스라엘에 왕이 없었으므로 사람마다 자기 소견에 옳은 대로 행하였더라"(삿 17:6. 참고, 삿 18:1; 19:1; 21:25).
[2] 폴 워셔, 『복음』, 조계광 역(서울: 생명의말씀사, 2013), 71.

영웅[3]으로 보거나 그리스도의 예표로 보기도 합니다.[4] 사사기를 읽다 보면 사사 삼손이 하나님께 쓰임을 받은 것 같기도 합니다. 둘째, 이와 반대로 삼손을 사랑에 끌려 다니다가 마침내 두 눈이 뽑히고 처참하게 죽은 실패한 사람으로 봅니다.[5] 이처럼 삼손에 대한 평가가 극과 극으로 나눠지는 이유는 성공과 실패라는 이분법적 논리에 따라 판단하려는 시대적인 흐름 때문일 수 있습니다.

세상은 업적을 통해서 사람을 평가합니다. 사람 됨과 인품을 보기보다는 어떤 일을 해냈는가에 더 큰 관심을 갖습니다. 어느 대학을 졸업하고 학점은 얼마나 잘 관리했고 얼마나 좋은 스펙을 쌓았는지 여부가 취업에 중요한 기준이 됩니다. 프로젝트를 얼마나 많이 성공시켰는지 여부가 승진에 중요한 기준이 됩니다. 운동선수도 마찬가지입니다. 팀에서 다른 선수들과 자주 문제를 일으켰다고 해도 실력이 뛰어나면 상품성을 인정받아 더

3 John R. Franke, ed., *Joshua, Judges, Ruth, 1-2 Samuel*, vol. 4, Ancient Christian Commentary on Scripture, ed. Thomas C. Oden(Downers Grove, IL: InterVarsity, 2005), 142. 프랭크는 삼손이 그의 신실함 때문이 아니라 그의 젊음(힘) 때문에 존경을 받아야 한다고 주장합니다. 프랭크는 "삼손은 평범한 인간의 수준을 뛰어넘는 힘으로 놀라운 일을 해냈다"며 삼손을 치켜세웠습니다.

4 K. Lawson Younger, *Judges and Ruth*, The NIV Application Commentary: From Biblical Text to Contemporary Life, ed. Terry Muck(Grand Rapids: Zondervan, 2002), 328. 영거(Younger)는 몇몇 학자들과 신자들이 삼손을 그리스도의 표상으로 생각한다고 말합니다. 그들은 삼손이 블레셋과 함께 죽기 위해 하나님께 초자연적인 힘을 회복시켜 달라고 기도한 것이 마치 예수님이 죄인을 위해서 죽은 것과 똑같다고 보았기 때문입니다. 그러나 영거는 삼손이 하나님의 목적을 완수하지 못했기 때문에 이런 주장에 동의하지 않았습니다.

5 참고, Mark Atteberry, *The Samson Syndrom: What You Can Learn from the Baddest Boy in the Bible*(Nashville, TN: Thomas Nelson, 2003).

좋은 조건으로 재계약을 하거나 다른 팀으로 옮겨 갈 수 있습니다. 그래서 사람들은 실력이 있어야 세상에서 인정받고 잘 살수 있다고 가르칩니다. 실력을 키워야 한다며 한 목소리를 냅니다. 그리스도인들도 세상에서 선한 영향을 끼치며 살기 위해서는 실력과 능력이 있어야 한다고 생각합니다.

그러나 삼손 이야기는 그리스도인들에게 세상을 살아가는데 실력이나 능력보다 더 고려해야 할 것이 있다는 사실을 가르쳐 줍니다. 무시무시한 힘을 가졌던 삼손은 사사로서 실력자였습니다. 그러나 놀라운 실력자였던 삼손이지만, 성경은 삼손의다른 모습에 더 초점을 맞추고 있습니다.

삼손의 출생에 담긴 놀라운 비밀은 하나님의 관점에서 삼손을 이해하도록 이끕니다. '왜 하나님은 삼손을 사사이면서 동시에 나실인으로 이 땅에 보내셨을까?' 이 비밀을 풀어야 삼손을 바르게 이해할 수 있습니다. 이 비밀을 풀어야 우리 역시 하나님의 자녀로 왜 이 땅에 보냄을 받아 살아가고 있는지 알아 갈수 있습니다. 사사들 중에서 가장 특별한 능력을 가졌던 삼손의이야기는 그리스도인에게 하나님이 기대하시는 삶에 대한 많은고민과 도전을 주고 있습니다.

하나님은 예수 그리스도를 통해서 이 땅에 사는 수많은 죄인들을 당신의 자녀로 부르셨습니다. 그리고 이스라엘 사사 시대처럼 '왕이 없는 것처럼' 살지 말고 '만왕의 왕이신 하나님을 왕으로 섬기며 살라'고 말씀하십니다. 하나님을 왕으로 섬기며 사는 것만이 '말로 형용할 수 없는 하나님의 은혜와 사랑'을 누리는 길입니다. 또 하나의 사사 시대가 되어 버린 오늘을 살아가며 시대적 부름 앞에 선 우리에게 이제부터 펼쳐질 삼손 X-파일이 새로운 이정표가 되기를 기대합니다. 그리고 각자의 삶에 큰 도전을 주며 과감한 믿음의 결단을 내리는 자리로 인도해 주기를 기대하며 기도합니다.

제1부

소망의 여정

01
역사는 반복된다!

   교회 역사가인 후스토 곤잘레스(Justo L. Gonzalez)는 우리의 삶
과 행동은 원하든 원하지 않든 다음 세대에게 역사가 된다고 말
했습니다.[6] 오늘 우리가 살아가는 삶은 과거의 역사로 남을 것
이고 다음 세대는 우리의 삶을 통해서 교훈을 얻게 됩니다. 그
래서 아놀드 토인비(A. J. Toynbee, 1889–1975)는 역사를 통해서 배
워야 살아남을 수 있다고 말했습니다. 모든 문명은 많은 도전을
받으며 성장과 쇠퇴 그리고 해체의 과정을 반복하기 때문에 이
런 도전에 적절하게 대응해야 살아남을 수 있습니다.[7] 머리로는
이 사실을 알고 있지만, 현실은 그리 녹록하지 않습니다. 후회
하지 않는 삶을 살려고 노력하지만, 실수와 실패를 반복하고 다
시 후회하는 우리의 모습을 볼 때면 마음이 무겁습니다. 이스라

---

6 후스토 곤잘레스, 『초대교회사』, 엄성옥 역(서울: 은성, 2012), 18–19. 곤잘레스는 우리의 삶
이 다음 세대에 영향을 주기 때문에 우리의 삶은 '역사를 만드는'(Making History) 것이라고
말합니다.

7 Arnold Toynbee, *A Study of History*, volume 1, rep.(New York, NY: Oxford University Press,
1988), 253.

엘 백성도 예외는 아니었습니다.

반복되는 죄악

사사기 저자는 삼손이 태어나기 전의 이스라엘 백성의 모습을 짧게, 그러나 분명한 어조로 말하고 있습니다.

> 이스라엘 자손이 다시 여호와의 목전에 악을 행하였으므로 _삿 13:1

삼손 이야기는 이스라엘 백성이 하나님의 눈앞에서 악을 행했다고, 즉 하나님 뜻에 어긋나게 살아가고 있다고 고발하면서 시작합니다. 그런데 이스라엘 백성은 초범이 아니었습니다. 재범도 아니었습니다. 상습범이었습니다.

하나님은 이스라엘 백성이 가나안 땅에 들어가기 전부터 우상을 섬기지 말라고 수도 없이 말씀하셨습니다.[8] 하나님의 반복된 경고에도 불구하고 이스라엘 백성은 우상을 섬겼습니다. 그것도 가나안 정복 전쟁이 끝나고 얼마 지나지 않은 사사 시대

---

8 출 20:1-6; 민 25:1-5; 신 6:10-15; 8:11-20; 11:26-32; 12:29-31; 13:1-11; 30:15-20; 31:14-23; 수 23:1-16; 24:1-28.

초기부터 우상을 섬기기 시작했습니다(삿 3:7).[9]

이스라엘 백성이 우상을 섬긴 대가는 매우 가혹했습니다. 하나님은 이스라엘 백성을 가나안 족속에게 넘기셨습니다. 그로 말미암아 이스라엘 백성은 오랜 시간 압제를 당하며 고통 가운데 신음하며 지냈습니다. 말로 다 할 수 없는 고통 탓에 삶의 소망도 끊어지고 처절하게 무너진 뒤에야 이스라엘 백성은 하나님을 찾았습니다.

> 이스라엘 자손이 여호와께 부르짖으매 여호와께서 이스라엘 자손을 위하여 한 구원자를 세워 그들을 구원하게 하시니 그는 곧 갈렙의 아우 그나스의 아들 옷니엘이라 _삿 3:9

이스라엘이 우상에게로 향하던 발길을 끊고 하나님을 찾자, 하나님은 옷니엘을 사사로 세워서 이스라엘을 구원해 주셨습니다. 그리고 이스라엘에게 평화로운 시간이 주어졌습니다.

그러나 안타깝게도 시간이 지나 참혹했던 지난날의 기억이 무뎌지자 이스라엘 백성은 다시 우상을 섬겼습니다. 조금만 숨통이 트이면, 이스라엘은 다시 하나님 앞에 우상을 섬기는 죄악을 반복했습니다(삿 3:12; 4:1; 6:1; 10:6). 그러면 다시 고난이 찾

---

9 사사기에서 처음으로 언급된 우상 숭배는 갈렙의 아우 그나스의 아들이자 갈렙의 사위인 옷니엘의 때에 일어났습니다. 따라서 가나안 정복 전쟁이 끝난 지 얼마 되지 않은 때에 이스라엘 백성은 우상을 숭배하며 하나님을 떠났던 것으로 볼 수 있습니다.

아왔고 이스라엘은 다시 하나님을 찾았습니다. 이스라엘 백성에게는 큰 아픔이었지만, 하나님은 가나안 족속을 '고난의 가시'로 사용하셔서 이스라엘 백성으로 하여금 다시 하나님을 찾도록 만드셨습니다. 이런 점에서 가나안 족속은 이스라엘을 하나님께로 돌아오게 만드는 은혜의 방편이었습니다. 사사기는 이런 이스라엘 백성의 모습을 반복적으로 보여 주고 있습니다.

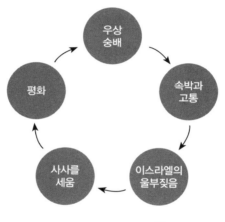

〈그림 1. 사사기의 패턴〉[10]

---

10 사사기에서는 위의 다섯 가지 상황이 반복해서 일어납니다. 참고, Michael Wilcock, *The Message of Judges: Grace Abounding*, vol. 3, 26 vols., The Bible Speaks Today, ed. J. A. Motyer(Downers Grove, IL: Inter–Varsity, 1992), 129. Michael Wilcock uses four "R"s to explain the cycle of Israel's sin and God's rescue: Repeated sin, repeated punishment, repentance, and rescuer; David M. Howard Jr., "Judges", in *ESV Study Bible*(Wheaton, IL: Crossway, 2008), 448. David Howard는 사사기가 '배교'(Apostasy), '속박'(Servitude), '탄원'(Supplication)과 '구원'(Salvation)이라는 네 단계가 반복되는 것으로 봤습니다. 그러나 사사 시대에 평화는 또 하나의 중요한 사실을 보여 주기 때문에 다섯 가지 상황으로 분리해서 보는 것이 더 좋습니다. 뒤에 나오는 '사라진 평화'에서 이 부분을 자세히 다룹니다.

우리의 모습과 많이 닮지 않았습니까? 힘들고 어려운 일이 있을 때는 도와 달라고 울고불고하며 떼를 쓰듯이 기도하고 매달립니다. 작정 기도도 하고 금식 기도도 하면서 하나님의 도움을 간절히 구합니다. 이번 문제만 해결해 주시면 더욱 열심히 신앙생활하겠다고 서원까지 하면서 간절히 기도합니다. 감사하게도 하나님의 은혜로 문제가 풀리고 숨통이 트입니다. 한동안은 신이 나서 신앙생활도 열심히 하고 은혜 충만하여 살아갑니다. 무슨 일이든 하나님을 위해서 다 할 수 있을 것 같고, 그럴 마음도 갖게 됩니다. 그런데 오래 지속되지 못합니다.

시간이 지나고 그렇게 힘들었던 기억이 차차 희미해지면 우리도 모르는 사이에 조금씩 하나님으로부터 멀어져 갑니다. 내 안에는 또다시 내가 가득 차게 되어 내 생각에 옳은 대로 판단하고 결정하며 살게 됩니다. 입으로는 하나님을 부르지만, 마음 깊은 곳에서는 내 삶의 주인은 바로 '나'라고 생각하며 살아가지 않습니까? 이스라엘 백성만 상습범이 아니라 우리 역시 하나님 앞에 상습적으로 죄를 범하는 죄인입니다. 죄를 짓고 회개하고 은혜를 누리고 다시 죄를 반복해서 짓는 연약한 사람입니다.

그래서 고난이 우리를 하나님께로 인도하는 방편이자 우리에게는 은혜를 회복하는 기회가 될 수 있습니다. 시편 기자도 동일한 고백을 하고 있습니다.

고난 당한 것이 내게 유익이라 이로 말미암아 내가 주의 율례들
을 배우게 되었나이다 _시 119:71

하나님의 은혜를 누리고 믿음을 붙잡고 잘 살면 참 좋은데,
우리 마음이 간사해서 온전한 믿음을 갖고 사는 것이 참 어렵습
니다.

안타깝게도 삼손이 태어날 무렵 사람들의 모습이 이와 같았
습니다. 이스라엘이 또다시 우상을 섬기자 하나님은 블레셋을
통해서 이스라엘 백성에게 40년간 핍박을 받게 하셨습니다. 그
런데 삼손이 태어날 무렵에는 특이한 점이 있었습니다. 삼손이
태어나기 전에는 이스라엘 백성이 오랜 시간 고난을 당한 후 하
나님을 찾으며 도움을 구하면, 하나님은 사사를 세우셔서 이스
라엘을 구원해 주셨습니다. 하지만 어찌 된 영문인지 삼손이 태
어날 무렵, 이스라엘 백성들은 고통을 당하면서도 하나님을 찾
지 않았습니다.[11]

왜 이스라엘은 고통 가운데서도 하나님을 찾지 않았을까요?
염치가 없어서 그랬을까요? 아니면 너무 힘들어서 신음 소리
조차 낼 수 없었을까요? 너무 힘든 일을 당하면 우리도 무엇을

---

11 사사기 13장에는 이스라엘의 우상 숭배와 그에 따른 40년간의 고통이 언급되고, 바로 이
어서 이스라엘의 구원을 시작할 자로 삼손을 세우시는 하나님의 계획이 등장합니다. 윌콕
은 삼손 이야기에서 "보다 중요한 것은 이스라엘의 회개가 보이지 않는다"라고 지적했습니
다. Michael Wilcock, *The Message of Judges: Grace Abounding*, 129; Barry G. Webb, *The Book of
Judges*, ed. R. K Harriosn and Robert L. Hubbard, Jr.(Grand Rapids: Eerdamas, 2012), 350.

해야 할지 모른 채 멍하니 서 있고 기도조차 나오지 않을 때가 있는 것처럼 이스라엘 백성들도 너무 힘들어서 신음 소리조차 내지 못한 채 망연자실하며 살았던 것일까요?

그런데 그런 이유가 아니었습니다. 이스라엘 백성의 마음이 점점 강퍅해져 가고 있었기 때문이었습니다. 사사 옷니엘의 때에 이스라엘 백성들은 메소보다미아 왕 구산 리사다임에게 8년 동안 고통을 당했습니다. 사사 입다 때에는 18년 동안 블레셋과 암몬에게, 그리고 삼손의 때에는 더욱 길어져서 40년 동안 블레셋에게 고통을 당했습니다. 이처럼 이스라엘 백성들은 영적으로 점점 무뎌지고 악해져서, 삼손이 태어날 무렵에는 블레셋으로부터 오랜 시간 큰 고통을 당했지만 하나님을 찾지 않았습니다. 삼손이 태어난 때는 어떤 사사 시대보다 영적으로 더 칠흑같이 어두운 시대였습니다.

하나님 대신 선택한 우상

구약 성경을 읽을 때마다 오래전부터 가졌던 의문이 있었습니다. '왜 이스라엘 백성은 우상을 섬겼을까?' 이스라엘 백성은 보통 사람이라면 평생 한 번도 경험할 수 없는 놀라운 기적을 광야 40년 동안 수도 없이 경험했습니다. 여리고성에 살던 라

합의 말처럼 광야에서 보여 주신 하나님의 놀라운 능력 때문에 가나안 사람들은 두려움으로 마음이 녹아 내렸습니다(수 2:9-11). 그뿐만이 아닙니다. 이스라엘 백성은 도저히 이길 수 없을 것 같았던 수많은 전쟁에서도 하나님으로 말미암아 큰 승리를 거뒀습니다. 그렇다면 하나님을 더 잘 믿고 더 잘 섬겨야 하는데, 이스라엘 백성은 가나안 땅에 들어오자마자 하나님이 그토록 싫어하신 우상을 섬겼습니다. 더 나아가 우상을 섬긴 대가가 얼마나 혹독한지 몸소 경험한 뒤에야 하나님의 은혜로 가까스로 평화를 얻었음에도 불구하고 이스라엘 백성은 반복해서 우상을 찾았습니다. 이스라엘 백성이 바보 같아서 이런 어리석은 선택을 했을까요?

원래 이스라엘 백성은 아브라함 때부터 유목민이었습니다(창 47:3-4). 그리고 애굽에서 살았던 400년 동안 초기에는 목축을 하다가 나중에는 애굽의 성을 건축하는 노예로 살았습니다(출 1:8-14). 애굽을 떠난 뒤 광야 40년 동안 이스라엘 백성은 특별한 직업 없이 하나님이 공급해 주시는 만나와 메추라기를 먹으면서 살았습니다(신 8:1-3). 그런데 요단강을 건너서 가나안 땅에 들어서자마자 하늘에서 내리던 만나가 그쳤습니다(수 5:12). 요단강을 건널 무렵이 곡식 거두는 때였기 때문에 들판에 널린 곡식을 취하거나 전쟁에서 승리한 뒤에 전리품으로 식량을 얻을 수 있었습니다(수 3:15). 그래서 당장의 굶주림은 피할 수 있었습니다.

그 다음이 문제였습니다. 가나안 정복 전쟁이 끝난 뒤에 이스라엘 백성은 먹고사는 시급한 문제에 직면했습니다. 가나안 사람들을 쫓아내고 그 땅을 얻었지만, 먹고살기 위해 스스로 농사를 지어야만 했습니다. 그러나 아브라함 때부터 가나안에 정착할 때까지 이스라엘 백성은 농사를 지어 본 경험이 없었습니다. 참으로 난감한 상황이었습니다. 이때 이스라엘 백성이 모세와 여호수아가 수도 없이 반복하며 경고했던 말을 기억하고 하나님을 전심으로 찾았다면 얼마나 좋았을까요?

> 내가 오늘 너희에게 명하는 내 명령을 너희가 만일 청종하고 너희의 하나님 여호와를 사랑하여 마음을 다하고 뜻을 다하여 섬기면 여호와께서 너희의 땅에 이른 비, 늦은 비를 적당한 때에 내리시리니 너희가 곡식과 포도주와 기름을 얻을 것이요 또 가축을 위하여 들에 풀이 나게 하시리니 네가 먹고 배부를 것이라
> _신 11:13-15

하나님은 이스라엘 백성이 가나안 땅에서 온 마음을 다해 당신만 섬기면 농사에 절대적으로 필요한 비를 때를 따라 내려 주셔서 그들이 풍부하게 먹고도 남도록 해 주시겠다고 약속하셨습니다. 비록 이스라엘 백성은 농사에 일가견이 없었지만, 하나

님은 무능한 이스라엘 백성이 농사를 짓고 살 수 있도록 만드실 수 있는 분입니다.

그러나 안타깝게도 이스라엘 백성은 하나님 대신 바알과 아세라를 찾았습니다. 가나안 족속의 능숙한 농사에 대해 강한 인상을 받아 그 우상들을 찾았는지도 모릅니다. 출애굽 당시 가데스 바네아에서 가나안 땅을 정탐하고 돌아온 열두 정탐꾼은 어깨에 짊어지고 온 막대 가득 매달린 탱탱한 포도송이와 먹음직스런 석류와 무화과를 내려놓으면서 다음과 같이 보고했습니다.

> 그 땅의 과일을 보이고 모세에게 말하여 이르되 당신이 우리를 보낸 땅에 간즉 그 땅에 젖과 꿀이 흐르는데 이것은 그 땅의 과일이니이다 _민 13:26-27[12]

그렇지 않아도 광야를 떠돌아다니며 신선한 과일을 접하기 어려웠던 이스라엘 백성의 눈이 휘둥그레졌습니다. 이때의 강렬했던 인상이 이스라엘 백성에게 크게 각인이 되었던 것 같습니다.

그리고 실제로 가나안 땅에 들어와 보니 열두 정탐꾼들의 말

---

[12] 갈렙과 여호수아 역시 가나안 땅이 젖과 꿀이 흐르는 풍요로운 땅이라는 사실은 인정했습니다(민 14:7-8). 다만 하나님이 도와주시면 가나안 땅을 능히 점령할 수 있다고 주장하면서 다른 열 명의 정탐꾼과는 반대되는 믿음의 고백을 했습니다.

처럼 가나안 땅은 비옥했고 가나안 사람들은 농사를 잘 지었습니다. 주의 깊게 살펴보니 가나안 사람들의 농사 비법은 농사의 신으로 알려진 바알과 아세라를 정성스럽게 섬기는 것이었습니다.[13] 이스라엘 백성은 당장 먹고사는 문제를 해결해야 했기에 '바알과 아세라'를 정성껏 섬겨야만 가나안 땅에서 잘살 수 있을 것이라고 믿었습니다.[14] 스스로를 정당화하며 이렇게 말했을 것입니다. '젖과 꿀이 흐르는 땅이면 뭐합니까? 당장 굶어죽게 생겼는데 ⋯. 먼저 먹고살고 봐야지.' 굶어죽지 않기 위해서 어쩔 수 없이 선택했다고 말하고 싶었을 것 같습니다. 그렇게 바알과 아세라는 이스라엘 백성의 삶에 서서히 그리고 점점 깊이 자리 잡기 시작했습니다. 죽고 싶지 않아서 ⋯. 잘살고 싶어서 ⋯.

그러면 이스라엘 백성이 우상을 섬길 때 하나님은 이들에게 어떤 존재가 되었을까요? 우리말에 힘없고 나이 드신 분들을 비하해서 부르는 좋지 않은 표현이 있습니다. '뒷방 늙은이.' 한때는 가족의 중심이었고 힘의 상징이었지만 어느 순간 거추장스럽고 있으나 마나 한 존재가 된 연세 드신 분들을 비하해서 '뒷방 늙은이'라고 불렀습니다. 그런데 바로 이스라엘 백성에게 하나님은 뒷방 늙은이가 되어 버렸습니다. 광야 40년과 가나안

---

13 바알은 '풍요의 신'이고 아세라는 '다산의 신'으로 불렸습니다. 트렌트 버틀러, 『WBC 성경 주석: 여호수아』, 정일오 역(서울: 솔로몬, 2004), 452; 목회와 신학 편집부, 『두란노 HOW 주석: 여호수아 어떻게 설교할 것인가』(서울: 두란노 아카데미, 2009), 32-33.

14 Webb, *The Book of Judges*, 143.

전쟁에서 하나님은 언제나 승리를 가져다주시는 전쟁의 신이었습니다. 가나안 족속들도 그런 하나님의 능력을 크게 두려워했습니다.

그러나 가나안 족속뿐만 아니라 이스라엘 백성도 농사에서는 바알과 아세라가 최고라고 믿었습니다. 바알과 아세라를 잘 섬기면 가나안 사람들처럼 풍요롭게 살 수 있을 것이라 믿었습니다. 하나님께 제사드리던 제단은 어느 날부터 바알과 아세라를 위한 제단으로 바뀌었습니다. 하나님이 행하셨던 기적들은 아주 먼 옛날이야기가 되어 버렸습니다. 약속의 땅에서 새롭게 시작한 삶에 대한 두려움! 잘살고 싶은 마음! 이스라엘 백성의 마음은 바알과 아세라를 향했고 하나님을 버렸습니다.

치열한 생존 경쟁에서 살아남기 위해 바알과 아세라를 섬기기로 선택한 이스라엘 백성들의 모습이 한편으로는 이해가 됩니다. 이해가 되는 정도가 아니라 어쩌면 오늘날 많은 그리스도인들이 이런 모습으로 살고 있는 것은 아닐까라는 생각마저 듭니다. 우리도 이 세상에서 잘 먹고 더 잘살기 위해 세상의 방법을 선택하곤 하지 않습니까? 성경의 가르침은 교회에서만 통하고, 세상에서 성공하기 위해서는 적당히 세상의 방법을 따라야 한다고 생각하곤 합니다.

그뿐만이 아닙니다. 소위 '용하다'는 점쟁이에게 점을 보러 다니는 기독교 신자들에 대한 이야기는 공공연한 비밀입니다.

심지어 어느 중소 도시의 역술인은 그 지역 교회 교인들의 형편을 꿰고 있다고 합니다. 교회의 직분자들이 수시로 다녀가기 때문에 교회 상황까지도 훤히 알고 있다고 합니다.[15] 교회에 다니면서도 자신의 답답한 사정을 당장 풀어 줄 것처럼 현혹하는 귀신의 놀음에 사로잡혀 무슨 일만 생기면 점집을 찾는다고 하니 이 얼마나 가슴 아픈 일입니까! 삶에 대한 두려움 때문에 우상을 섬겼던 이스라엘 백성의 모습과 성공과 미래에 대한 두려움으로 점집을 찾는 교회 다니는 사람들의 모습이 과연 다를까요? 거친 세상에서 살아남기 위한 생존 본능이 우리로 하여금 두려움을 갖게 만들 때, 그 두려움을 없애기 위해 세상의 것과 세상 사람들이 의지하는 것을 찾게 되는 것은 아닐까 하는 염려가 됩니다.

오스왈드 챔버스는 삶의 두려움과 관련해 이런 말을 했습니다.

우리가 하나님을 경외할 때 뚜렷하게 나타나는 현상은 다른 그 어떤 것도 두려워하지 않게 된다는 사실이다. 만일 당신이 하나님을 경외하지 않으면, 당신은 다른 모든 것들을 두려워하게

---

15 정기호, "점 보러 다니는 기독교 신자들", 당당뉴스, 2013년 7월 12일 접속, http://www.dangdangnews.com/news/articleView.html?idxno=5387; 신동명, "점·사주에 눈 돌리는 기독교인 급증", 기독교 타임즈, 2018년 9월 12일 접속, http://www.kmctimes.com/news/articleView.html?idxno=44570.

된다.[16]

하나님을 경외하는 마음으로 하나님을 섬기는 사람은 세상을 두려워하지 않습니다. 그러나 세상에 대한 두려움 때문에 하나님을 경외하지 않는 사람은 오히려 모든 것을 두려워하게 됩니다. 오스왈드 챔버스의 말은 사사 시대의 이스라엘 백성에게뿐만 아니라 오늘 우리에게도 시사하는 바가 매우 큽니다. 세상에서 성공한 사람들의 말과 방법들은 매우 효과적이고 실제적이어서 그들처럼 성공하려는 사람들에게 정말 매력적으로 보입니다. 한편 세상에서 성공한 사람들처럼 살지 못하면 실패하고 뒤쳐질 것 같은 두려움이 늘 우리를 힘들게 만듭니다.

예전에 성경적 자녀 교육 세미나를 들었던 한 집사님의 고민이 바로 이것이었습니다. 그분은 세미나를 듣고 나서 예배와 말씀과 기도 중심으로 자녀를 키워 보려고 일주일에 몇 개씩 보내던 학원을 크게 줄였습니다. 그런데 아이 친구들의 학부모들을 만나니 고민이 되었습니다. 다른 아이들이 어떤 학원을 다니고 나서 성적이 얼마나 올랐다는 말을 듣고 나면 자신의 아이만 뒤쳐지는 것은 아닌가 하는 두려운 마음이 들었습니다. 그래서 다시 예전처럼 아이를 몇 개 학원에 보냈다고 합니다. 학원을

---

16 오스왈드 챔버스, 『순례자의 노래: 오스왈드 챔버스의 시편 묵상』, 스데반 황 역(서울: 토기장이, 2013), 111.

몇 개 더 보내는 것이 문제의 본질이 아닙니다. 세상 사람들처럼 살지 않으면 성공은 고사하고 살아남을 수 있을까 하는 두려움을 갖는 것이 근본적인 문제입니다. 이런 두려움이 엄습해 오면, 영역과 삶의 모습만 다를 뿐 대부분의 상황에서 우리는 세상의 방법을 선택하라는 유혹을 크게 받게 됩니다.

그러나 우리는 잊지 말아야 합니다. 세상에서 살아남기 위해 우상을 선택한 이스라엘 백성의 삶은 그들의 기대와는 정반대가 되어 버렸습니다. 우상을 섬기면 괜찮을 줄 알았던 이스라엘 백성은 가나안 사람들에게 침략을 당하며 큰 고통을 받았습니다. 우상을 섬겨서 피하고 싶었던 염려와 두려움이, 오히려 우상을 섬겼기 때문에 그들의 삶을 황폐하게 만든 원인과 결과가 되어 버렸습니다. 하나님께서 모세와 여호수아를 통해서 계속해서 말씀하셨던 경고가 안타깝게도 이스라엘 백성에게 그대로 이뤄졌습니다.

> 너희는 스스로 삼가라 두렵건대 마음에 미혹하여 돌이켜 다른 신들을 섬기며 그것에 절하므로 여호와께서 너희에게 진노하사 하늘을 닫아 비를 내리지 아니하여 땅이 소산을 내지 않게 하시므로 너희가 여호와께서 주신 아름다운 땅에서 속히 멸망할까 하노라 _신 11:16-17

얼마나 안타까운 모습입니까! 하나님을 잘 믿고 섬기면 평안하게 살 수 있었던 사람들이 세상에 대한 두려움 때문에 우상을 선택했습니다. 그리고 두려움 때문에 선택한 우상 숭배로 말미암아 이스라엘 백성은 말로 표현할 수 없는 큰 고통 가운데 살아야 했습니다. 오스왈드 챔버스의 말처럼 이스라엘 백성은 세상의 두려움을 피해 보려고 우상을 찾았지만, 오히려 하나님 경외함을 놓쳤기 때문에 더 큰 두려움에 사로잡힌 채 절망의 늪에서 살 수밖에 없었습니다.

사라진 평화

고대에는 힘의 균형이 깨지면, 평화가 사라지고 전쟁이 일어났습니다. 더 넓은 영토를 갖기 위한 왕들의 욕심은 언제나 전쟁으로 이어졌습니다. 그런데 이스라엘 백성이 가나안 족속에게 고통을 당할 때에는 누가 평화를 깼을까요? 이들을 괴롭혔던 가나안 족속일까요? 놀랍게도 하나님이 이스라엘 백성이 누리던 평화를 깨뜨리시고 그들을 고통의 시간으로 밀어 넣으셨습니다.

에훗이 죽으니 이스라엘 자손이 또 여호와의 목전에 악을 행하

매 여호와께서 하솔에서 통치하는 가나안 왕 야빈의 손에 그들을 파셨으니 _삿 4:1-2

이스라엘 자손이 또 여호와의 목전에 악을 행하였으므로 여호와께서 칠 년 동안 그들을 미디안의 손에 넘겨주시니 _삿 6:1

여호와께서 이스라엘에게 진노하사 블레셋 사람들의 손과 암몬 자손의 손에 그들을 파시매 _삿 10:7

이스라엘 백성이 우상을 숭배하면 하나님은 이들을 원수의 손에 넘기셨습니다. 그러나 이스라엘 백성이 우상 숭배에서 돌이켜 당신을 찾으면 사사를 세우셔서 원수의 손에서 구원해 주시고 그들이 평화를 누리게 해 주셨습니다.[17]

그러나 사사 기드온 때에 누렸던 40년의 평화를 끝으로 이스라엘 백성은 더 이상 평화를 누리지 못했습니다. 기드온 뒤에도 입다와 몇몇 사사들이 있었지만, 성경은 이스라엘의 평화에 대해 침묵하고 있습니다(삿 10:1-12:15).[18] 심지어 삼손이 나귀 턱뼈

---

17 메소보다미아 왕 구산 리사다임으로부터 승리한 뒤에 이스라엘은 40년간 평화를 누렸습니다(삿 3:11). 사사 에훗이 모압으로부터 거둔 승리 후에 이스라엘은 80년간 평화를 누렸습니다(삿 3:30). 드보라와 바락의 승리 후에 이스라엘은 40년간 평화를 누렸습니다(삿 5:31). 그리고 기드온의 승리 후에 이스라엘은 40년간 평화를 누렸습니다(삿 8:28).
18 기드온의 승리 이후 돌라, 야일, 입다, 입산, 압돈에 이르기까지 사사들이 전쟁에서 이스라엘을 구원했지만, 사사기 저자는 이스라엘의 평화에 대해서는 침묵하고 있습니다.

로 수많은 블레셋 군인들을 죽이고 다곤 신전을 무너뜨려 수천
명의 블레셋 지도자들을 죽였지만, 이스라엘에게 평화는 없었
습니다.[19] 사사기 2장에서 이미 이 사실을 암시하고 있습니다.

> (이스라엘을 구원한) 그 사사가 죽은 후에는 그들(이스라엘 백성)이
> 돌이켜 그 열조보다 더욱 패괴하여 다른 신들을 좇아 섬겨 그들
> 에게 절하고 그 행위와 패역한 길을 그치지 아니하였으므로 _샷
> 2:19

하나님이 주신 큰 승리를 맛본 후 이스라엘 백성은 하나님께
로 돌아온 것처럼 보였지만 그뿐이었습니다. 오히려 이스라엘
백성은 하나님으로부터 점점 멀어지고 있었습니다. 오랜 시간
고통을 당했지만 하나님을 찾지 않을 정도로 마음이 점점 강퍅
해져 가고 있었습니다. 삼손이 태어날 무렵에는 평화가 사라지
고 블레셋의 압제로 고통 가운데 신음하면서도 하나님을 찾지
않을 정도로 그 심령이 더욱 피폐해지고 강퍅해져 갔습니다. 이
때 하나님은 삼손을 이스라엘에게 보내셨습니다.

솔직히 예전에는 이스라엘 백성들을 볼 때마다 어떻게 저럴
수 있을까 하는 생각을 많이 했습니다. 하나님의 큰 능력을 경

---

19 고든 맥콘빌, 필립 세터트웨이트, 『역사서』, 김덕중 역 (서울: 성서유니온, 2009), 161.

험한 사람들이 어떻게 저렇게 살 수 있을까라며 혀를 찼습니다. 광야에서 40년 동안 하나님이 보여 주셨던 능력의 백분의 일, 천분의 일, 아니 만분의 일이라도 내게 일어난다면, 나는 정말 다르게 살았을 것이라고 장담도 했습니다. 그런데 저의 모습을 보면, 그런 장담은 그저 희망사항일 뿐임을 알 수 있습니다.

사실 우리도 이스라엘 사람들과 크게 다르지 않습니다. 은혜를 받은 뒤에 그 은혜를 지키지 못하고 다시 죄로 돌아가는 회귀 본능은 예나 지금이나 똑같습니다. 죄의 뿌리를 완전히 뽑는 것이 참 힘듭니다. 어려운 일이 있을 때마다 하나님의 은혜를 구합니다. 그러나 어려운 문제가 어느 정도 해결되면 하나님을 잊고 예전의 삶으로 돌아가는 것이 변하지 않는 우리의 모습입니다. 그럼에도 불구하고 하나님은 강퍅하고 상습적으로 우상을 숭배하며 하나님을 떠났던 이스라엘 백성에게 삼손을 보내셨습니다. 그리고 하나님은 우리를 향한 사랑의 손길을 절대로 포기하지 않으시고 지금도 일하고 계십니다.

스터디 가이드

인생의 참된 목적을 찾으려 했던 솔로몬은 삶의 특징을 '반복'이라고 말하고 있습니다.

> 이미 있던 것이 후에 다시 있겠고 이미 한 일을 후에 다시 할지라 해 아래에
> 는 새것이 없나니 무엇을 가리켜 이르기를 보라 이것이 새것이라 할 것이
> 있으랴 우리가 있기 오래전 세대들에도 이미 있었느니라 _전 1:9-10

이전보다 문명이 발달하고 전에는 없던 다양한 삶의 모습이 나타났음에도 불구하고, 해 아래는 새것이 없고 이미 있던 것들이 반복되고 있습니다. 타인과 관계하며 실패와 성공을 경험하는 동안 벌어지는 인간의 모든 일들이 결국 바람을 잡으려는 것과 같은 헛된 일입니다. 그런데 이런 헛된 일에 힘을 쏟는 인간의 모습은 시간이 지나도 동일합니다. 그 헛된 일 중에 하나가 하나님이 아닌 우상을 섬기는 것입니다.

1. 왜 이스라엘 백성들은 아브라함, 이삭, 야곱의 하나님이며 광야 40년 동안 전지전능하신 능력으로 자신들을 보호해 주신 하나님을 버리고 우상을 섬겼습니까?

2. 어쩌다 한 번 잘못하면 '실수'라고 말할 수 있습니다. 그러나 동일한 실수를 반복해서 저지르면 실수가 아닙니다. 하나님이 고난에서 구해 주셨음에도 불구하고 왜 이스라엘 백성은 계속해서 우상을 숭배했습니까?

3. 이스라엘 백성들이 바알과 아세라를 섬기며 기대했던 삶은 평안과 성공이었습니다. 당신이 하나님을 믿는 이유는 무엇입니까? 그리고 하나님을 믿어서 얻고 있는 유익은 무엇입니까?

4. 하나님을 믿는 것만 가지고는 세상에서 성공할 수 없다고 생각해 본 적이 있습니까? 왜 그런 생각을 하게 되었고 그 생각은 지금도 변함이 없습니까? 만약 지금은 다르게 생각한다면, 어떤 계기로 변화가 생겼습니까?

5. 경쟁이 치열한 세상에서 하나님의 자녀로 사는 것이 마냥 쉽지만은 않습니다. 세상 사람들이 사는 모습처럼 살지 않으면 뒤쳐질 것 같은 두려움마저 듭니다. 그럼에도 불구하고 우리가 하나님을 온전히 믿는 믿음으로 평안을 누릴 수 있다면 그 이유는 무엇입니까? (요 16:27)

02
가문의 흔적을 찾아라

소라 땅에 단 지파의 가족 중 마노아라 이름하는 자가 있더라 _
삿 13:2

사랑하는 남녀가 믿음의 가정을 이루는 것은 큰 복이고 축하 받아 마땅합니다. 하나님이 허락해 주신 자녀가 건강하게 자라며 함께 많은 추억을 만들며 사는 것이 부모에게 큰 기쁨이 됩니다. 김동호 목사님은 『자식의 은혜를 아는 부모』에서 자식을 통해서 오히려 부모가 복을 누린다고 말했습니다.[20] 아이들을 키우면서 김동호 목사님의 말씀에 정말 공감하게 되었습니다. 첫째 아이가 태어나서 아빠가 된 순간의 감격은 말로 다 표현할 수 없습니다. 웅얼거리다가 처음으로 "아빠"라고 불렀던 순간! 자식이 있기에 부모는 어른이 되고 삶에 대한 책임도 더 강해집

---

20 김동호, 『자식의 은혜를 아는 부모』(서울: 규장, 2001), 32–47.

니다. 자녀들과 함께한 기쁜 추억과 고난의 시간들이 부모를 더 성숙하게 만듭니다. 그리고 자녀들이 더욱 건강하고 성숙하게 자라도록 수고를 아끼지 않게 됩니다.

어릴 때 작은 실수를 했습니다. 아버지께서 지나가는 말로 한마디 하셨습니다. 그때 약간 장난기가 발동해서 "아버지 닮아서 그렇지요!"라고 말을 했습니다. 그 순간 아버지가 어이없어 하시며 웃으시더니 아무 말도 하지 않으셨습니다. 그 일 이후로 "아버지 닮아서 그렇지요!"라는 말은 제게 아주 유용한 무기가 되었습니다. "어머니 닮아서 그렇지요!", "아버지 닮아서 그렇지요!"라고 말하면, 부모님은 그냥 웃고 지나가셨습니다. 재미있게도 제가 지금 아이들에게 그렇게 대접을 받고 있으니 이 또한 주는 대로 받는 것일까요? 그런데 부모로서 아이들이 "아빠 닮아서 그렇지요!"라고 하는 말을 들을 때, 기분이 나쁘지 않습니다. 오히려 기분이 좋았습니다. 자식이 부모 닮았다는데, 어쩌란 말입니까!

야곱의 다섯째 아들, 단(Dan)

삼손의 아버지 마노아의 조상은 '단'(Dan)이었습니다. 단은 야곱의 열두 아들 중에 다섯째였습니다. 그러나 단의 출생은 부모님의 사랑이 아닌 시기와 질투의 결과였습니다. 게다가 아버지 야곱은 단을 아들로 인정하거나 사랑하지도 않았습니다. 이런 단의 어두운 과거는 창세기에 자세히 설명되어 있습니다.

야곱은 아버지 이삭을 속이고 형 에서의 장자권을 가로채려 했습니다. 물론 형 에서는 야곱을 죽이겠다고 생각할 정도로 크게 분노했습니다. 하는 수 없이 야곱은 형의 분노가 사그라질 때까지 부모님의 품을 떠나 머나먼 하란에서 지내야 했습니다. 이때 만난 사람이 라헬입니다. 가족을 떠나 힘든 타향살이에도 라헬을 만나 사랑한 것이 야곱에게는 큰 위안과 안식이 되었습니다. 그래서 야곱은 라헬과 결혼하기 위해 외삼촌 라반을 7년 동안 섬겼지만, 이를 마치 수일같이 여겼습니다(창 29:20).

그러나 라반은 야곱을 속이고 결혼식이 끝난 뒤에 야곱 몰래 신혼 방에 라헬의 언니인 레아를 들여보냈습니다. 이것이 야곱에게 일어날 아픔의 시작이었습니다. 라반에게 속아 분노하며 절망했지만, 야곱은 사랑하는 라헬을 아내로 얻으려고 라반을 위해 다시 7년을 일해야만 했습니다(창 29:27). 결과적으로 야곱은 사랑하는 라헬을 아내로 얻기 위해 14년 동안 라반을 섬겼습니다. 그러나 라헬을 아내로 얻은 것으로 야곱의 고난과 갈등은 끝나지 않았습니다. 오히려 더 큰 갈등이 기다리고 있었습니다.

라헬은 야곱의 사랑을 한 몸에 받았지만 자식을 낳지 못했습니다. 그러나 야곱의 사랑을 받지 못했던 언니 레아는 아들을 넷(르우벤, 시므온, 레위, 유다)이나 낳았습니다. 라헬은 아들을 못 낳는다는 수치심과 분노를 견디지 못해 자신의 여종 빌하를 통해서라도 아들을 낳고자 했습니다. 마침내 라헬의 여종 빌하가 아들을 낳자 그 이름을 '하나님이 심판하시다' 또는 '억울함을 푸신다'라는 의미로 '단'이라고 지었습니다(창 30: 1-6).

이처럼 '단'은 부모님의 사랑을 받은 자녀가 아니었습니다. 종의 자식이요 라헬의 질투를 위한 소모품에 불과한 인생으로 시작되었습니다. 게다가 아버지 야곱마저 '단'을 사랑하지 않았습니다. 야곱은 오랜 시간이 지난 뒤에 라헬에게서 태어난 요셉만 사랑했습니다(창 37:3-4). 이처럼 경쟁과 질투와 분노로 말미암아 어두운 출생의 그림자를 안고 태어난 단의 먼 후손이 삼손의 아버지 마노아였습니다.

기업을 포기한 단 지파

사사기 저자는 삼손의 아버지 마노아를 단 지파의 가족으로 소개했습니다. 마노아가 소라 땅에 살고 있던 단 지파의 가족이라는 사실은 삼손의 출생 배경을 이해하는 데 매우 중요합니다. 가나안 땅을 정복한 뒤에 여호수아는 이스라엘 열두 지파에게 그 땅을 분배했습니다. 이때 단 지파는 에브라임과 베냐민과 유다 지파와 접해 있던 요단강 남서쪽 지중해에 인접한 지역을 기업으로 받았습니다(수 19:40-46).

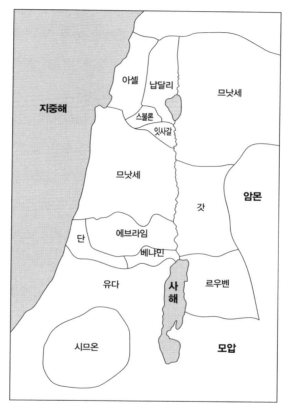

〈지도 1. 이스라엘 12지파의 가나안 땅 분배〉

소라와 에스다올, 딤나, 에그론을 포함해서 단 지파의 기업은 당시에 블레셋과 아모리인이 살던 땅이었습니다. 당시 블레셋과 아모리인은 철로 만든 무기와 철 병거를 소유하고 있었기 때문에 단 지파가 이들을 쫓아내고 그 땅을 정복하는 일은 결코 쉽지 않았습니다. 사사 시대를 지나 사울왕 때에도 사울왕과 요나단만 철로 된 무기를 가졌을 뿐, 이스라엘 군대에는 철로 된 무기가 없었습니다(삼상 13:19-22). 따라서 이제 막 가나안 땅에 들어온 단 지파가 철로 만든 무기로 무장한 가나안 족속과 전쟁에서 승리한다는 것은 결코 쉽지 않았습니다.

물론 그렇다고 해서 불가능한 것도 아니었습니다. 출애굽 당시 단 지파에서 싸움에 나갈 수 있는 군인의 수는 62,700명으로 유다 지파에 이어 두 번째로 많았습니다(민 1:39). 그리고 가나안 땅에 들어갈 무렵에는 그 숫자가 64,400명으로 조금 더 증가했습니다(민 26:43). 오히려 단 지파는 다른 지파보다 가나안 땅을 정복하는 데 더 좋은 조건을 가졌다고 볼 수 있습니다.

그러나 결과는 완전히 달랐습니다. 다른 열한 지파는 분배받은 기업을 점차 정복해 나갔지만, 단 지파는 기업으로 받은 땅을 정복하지 못했습니다. 오히려 아모리인들에게 쫓겨나서 유다 접경 지역에 머물렀습니다.

아모리 족속이 단 자손을 산지로 몰아 넣고 골짜기에 내려오기를 용납하지 아니하였으며 _삿 1:34

그래서 삼손의 가족은 이때부터 유다와 가까운 지역인 마하네단 지경에 살았습니다.

> 소라와 에스다올 사이 마하네단에서 여호와의 영이 그를 움직이
> 기 시작하셨더라 _삿 13:25

그런데 단 지파가 산지로 쫓겨난 것에 대한 설명에는 매우
놀라운 반전이 있습니다. 단 지파는 하나님이 주신 기업을 스스
로 포기했습니다. 그것도 사사 시대 초기에 약속의 땅에서 받은
기업을 포기했습니다.

사사기 1-16장은 사사 시대의 전체적인 개요와 옷니엘에서
부터 삼손에 이르기까지 사사들의 이야기를 기록합니다. 그리
고 사사기 17-21장은 이스라엘의 영적·도덕적 타락이 개인을
넘어 지파 전체로 확산된 모습을 적나라하게 보여 주고 있습니
다.

특히 사사기 18장은 단 지파가 하나님이 주신 기업을 포기하
고 자기들이 보기에 좋은 땅을 찾으러 북쪽으로 이동한 사건을
자세하게 소개하고 있습니다.

> 그때에 이스라엘에 왕이 없었고 단 지파는 이때에 거할 기업의
> 땅을 구하는 중이었으니 이는 이때까지 기업의 땅 분배함을 얻
> 지 못하였음이라 _삿 18:1

단 지파는 약속의 땅에서 분배받은 기업을 포기하고 새롭게 기업으로 삼을 만한 땅을 찾으려고 했습니다. 결국 단 지파는 약속의 땅을 벗어나 북쪽 경계에 위치한 라이스를 점령하고 그곳 사람들을 모두 죽인 후 자신들의 기업으로 삼았습니다(삿 18:27-29).

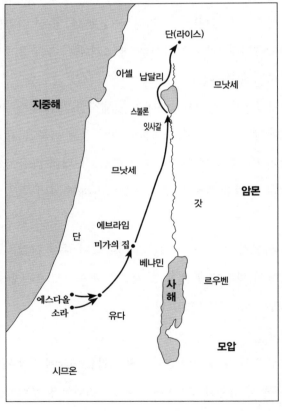

〈지도 2. 단 지파의 이동〉

그러나 단 지파는 하나님이 주신 기업을 버리는 것이 얼마나 심각한 문제인지 전혀 몰랐습니다. 하나님은 이스라엘 각 지파의 기업을 정하시고 각 가족대로 지파의 기업을 나눠 주셨습니다. 그리고 각각의 가족이 받은 기업이 다른 사람에게 빼앗기지 않고 자손 대대로 전해질 수 있도록 엄격한 율법을 만드셨습니다. 예를 들어, 기업으로 받은 땅을 저당 잡히고 돈이나 곡식을 빌릴 수 있지만, 일곱 번의 안식년이 지나고 희년이 되면 모든 땅은 원래 주인에게로 되돌아가도록 율법으로 정해 놓으셨습니다(레 25:8-34). 따라서 땅을 임대하는 값도 희년까지 얼마나 남았는지가 중요한 기준이었습니다. 또한 땅의 경계를 표시한 경계표는 어떤 경우에도 바꾸지 말 것을 엄히 명령하셨습니다. 이처럼 지파와 개인에게 분배한 기업을 지키는 것은 지파뿐만 아니라 각 가정에게도 매우 중요한 문제였습니다(신 19:14; 27:17; 잠 22:28; 23:10).

하나님이 주신 기업에 대한 단호한 명령에도 불구하고, 단 지파는 하나님이 주신 기업을 헌신짝처럼 버렸습니다. 물론 단 지파가 받은 기업에는 철 병거를 소유한 블레셋과 아모리 족속이 살고 있었기 때문에 이 땅을 빼앗는 것은 결코 쉽지 않았을 것입니다. 그러나 다른 지파들 역시 어려운 적들을 물리치고 자신들에게 주어진 기업을 정복해야만 했고, 그들은 실제로 분배받은 기업을 정복했습니다. 따라서 단 지파가 약속의 땅에서 받은 기업을 포기한 것은 그곳에 살고 있던 가나안 족속들이 강력한 철 병기를 소유했기 때문만은 아니었습니다. 단 지파가 기업을 버린 핵심적인 이유는 전쟁의 승리를 주관하시는 하나님에 대한 믿음이 없었기 때문이었습니다. 그래서 쉬운 편을 선택했습니다. 하나님이 주신 기업을 얻기 위해서 하나님의 도우심을 믿고 가나안 족속들과 싸워 정복하려고 몸부림치는 것보다는 자기들이 보기에 좋은 땅을 쉽게 얻으려고 했습니다.

더 심각한 문제는 단 지파가 매우 이른 시기에 하나님의 기업을 버리고 약속의 땅을 벗어났다는 점입니다.[21] 사사기 17-18장에 떠돌이 레위인의 이야기가 나옵니다. 모세 율법에 따르면, 레위인은 각 지파가 제공한 성에 살면서 제사장을 도와 성전을 섬겼습니다.[22] 그런데 어떤 이유에서인지 거주할 곳을 찾으며 떠돌다가 에브라임 산지로 가서 미가라는 사람의 집에 이르렀습니다.[23] 그리고 미가 집의 가정 제사장이 되었습니다(삿 17:8).[24] 사사기는 이 사건을 '그때에 왕이 없어서' 모든 사람이

---

21 고든 맥콘빌, 세터트웨이트, 『역사서』, 166. 삿 5:17은 드보라 시대에 이미 단 지파가 북쪽으로 올라간 뒤라는 사실을 암시하는 것으로 볼 수 있습니다.

22 참고, 수 21:1-42.

23 레위인은 이스라엘 백성이 하나님께 드린 제사 제물로 주 수입원을 삼았습니다. 그래서 레위인들에게는 기업을 따로 주지 않았습니다. 이스라엘 백성이 율법에 따라 제사를 잘 드리고 하나님께 헌물을 드리면, 레위인은 부족하지 않게 생활할 수 있었습니다. 그러나 이스라엘 백성이 우상을 섬기며 하나님께 제사를 드리지 않으면, 레위인은 생계를 이어 나갈 수 없는 어려움에 처하게 됩니다. 그래서 레위인이 그 본분을 지키지 못하는 안타까운 결과가 일어납니다.

24 사사기는 레위인이 자신의 거주지를 떠난 이유를 분명히 언급하지는 않지만, 아마도 생계 문제로 자신의 거주지 또는 기업을 떠나 에브라임까지 올라갔던 것으로 보입니다. 원래 레위인은 농사를 지어서 생계를 유지하지 않고, 백성들이 하나님께 드리는 제물의 일부를 수

자기가 하고 싶은 대로 한 결과라고 말하며 신랄하게 비판하고 있습니다(삿 17:6).

이와 같이 '이스라엘에 왕이 없던' 어느 날, 단 지파는 하나님이 주신 기업을 떠나 땅을 찾기 위해 다섯 명의 정찰병을 보냈습니다(삿 18:2). 이들은 북쪽으로 이동하는 중에 미가의 집에서 떠돌이 레위 제사장을 만났습니다. 이 만남이 인연이 되어서 레위 제사장은 후에 단 지파와 함께 북쪽으로 이동해서 단 지파의 제사장이 되었습니다(삿 18:14-27).

그리고 사사기 저자는 18장 말미에 레위 제사장의 충격적인 정체를 밝혔습니다. 그저 이름 없이 떠돌던 무명의 레위인인 줄 알았는데, 마지막에 이르러 그의 정체가 밝혀졌습니다. 그는 '모세의 손자요 게르솜의 아들인 요나단'이었습니다(삿 18:30; 출 2:22; 18:3; 대상 23:15-16; 26:24).[25] 모세의 손자였던 요나단은 레위인이었습니다. 그러나 요나단은 하나님을 섬기도록 정해진 성을 떠나 미가 집에서 가정 제사장이 되었습니다. 그리고 하나님의 기업을 버리고 북쪽으로 이동한 단 지파를 따라가서 제사장이 되었습니다. 결국 요나단은 단 지파 전체가 우상을 섬기도

입으로 삼아서 생계를 유지하도록 율법에 정해져 있었습니다. 그런데 백성들이 하나님 대신 우상을 섬기면서 하나님께 드리는 제사를 주관하던 레위인에게 먹고사는 문제가 가장 크게 다가왔던 것으로 보입니다.

25 일부 주석에서는 '아들'(son)을 '후손'(descendant)으로 이해해야 한다고 주장합니다. 그러나 레위인 요나단이 게르솜의 아들이 아니라 게르솜의 후손이라고 해도 단 지파가 북쪽으로 올라간 것은 사사 시대 후기가 아니라 초기라고 보는 것이 맞습니다. 이는 사사기 1장에서 아모리 족속이 단 자손을 산지로 몰아 넣었다는 사건과 함께 이해해야 합니다.

록 앞장선 커다란 죄를 범했습니다.[26]

단 자손이 자기들을 위하여 그 새긴 신상을 세웠고 모세의 손자
요 게르솜의 아들인 요나단과 그의 자손은 단 지파의 제사장이
되어 그 땅 백성이 사로잡히는 날까지 이르렀더라 하나님의 집
이 실로에 있을 동안에 미가가 만든바 새긴 신상이 단 자손에게
있었더라 _삿 18:30-31

이스라엘 백성은 여호수아와 하나님의 능력을 경험한 장로
들이 사는 동안에는 하나님을 섬겼습니다. 그러나 하나님이 행
하신 놀라운 일을 경험하지 못한 다음 세대는 하나님을 떠나 우
상을 섬기기 시작했습니다(삿 2:7-10). '여호수아 다음 세대'는 가
나안 정복 전쟁이 끝나고 지파별로 정복 전쟁을 벌이던 세대를
말합니다. 따라서 여호수아와 게르솜이 같은 세대라면, 요나단
은 사사 시대 초기의 인물이 됩니다. 따라서 단 지파가 기업을
버린 후 라이스를 침략하고 그곳에서 단 지파 전체가 우상을 섬
긴 일은 모두 사사 시대 초기에 일어났습니다. 이스라엘의 타락
과 우상 숭배가 너무 빨리 시작되었고, 그 정도 또한 매우 심각
했다는 점을 충분히 알 수 있습니다.

---

26 Trent C. Butler, *Judges*. Vol. 8. Word Biblical Commentary, ed. Bruce M. Metzger et al.(Nashville, TN: Thomas Nelson, 2009), 398.

좁은 길

사실 가나안 족속의 완강한 저항 때문에 이스라엘 각 지파들은 분배받은 기업을 정복하는 데 많은 어려움을 겪었습니다. 그럼에도 불구하고 하나님의 약속을 믿고 유다 지파를 필두로 각 지파는 분배받은 기업을 정복하기 위해 모든 수고를 아끼지 않았습니다. 유다 지파에 이어 에브라임과 므낫세 그리고 다른 지파들이 정복 전쟁을 주도적으로 이끌었습니다. 이때 기업을 얻기 위한 정복 전쟁을 설명할 때, 사사기 저자는 '지파'라는 표현보다는 야곱의 아들들의 이름을 그대로 사용했습니다.

유다가 그의 형제 시므온에게 이르되 _삿 1:3

에브라임이 게셀에 거주하는 가나안 족속을 쫓아내지 못하매 _ 삿 1:29

그러나 단 지파의 정복 전쟁을 설명할 때는 두 가지 독특한 변화를 줬습니다.

아모리 족속이 단 자손을 산지로 몰아넣고 골짜기에 내려오기를 용납하지 아니하였으며 _삿 1:34

첫째, 이스라엘의 지파가 아니라 '아모리 족속'이 전쟁의 주도권을 갖고 있는 것으로 표현하고 있습니다. 둘째, 다른 지파는 '유다'나 '에브라임'처럼 야곱의 아들들의 이름을 그대로 사용하지만, 단 지파의 경우 '단 자손'(the people of Dan)으로 표현했습니다.

그런데 이런 변화는 우연히 생긴 것이 아닙니다. 오히려 그 당시 단 지파의 상황을 정확히 묘사한 것입니다. 다시 말해, 아모리 족속이 싸운 대상은 단 지파 전체가 아니라 소수의 단 지파 사람들이었다는 사실을 정확하게 설명하고 있습니다. 그 이유는 앞에서 살펴본 것처럼 단 지파 전체가 사사 시대 초기에 북쪽으로 이동을 했고, 단 지파의 기업에는 소수의 단 자손들만 남아 있었기 때문입니다. 그래서 아모리 족속은 그 땅에 남아 있던 소수의 단 지파 사람들과 싸웠습니다.

약속의 땅에 남아 있던 소수의 단 지파 사람들은 수적으로 열세였고 무기도 변변치 못했기 때문에 아모리 족속에게 크게 패할 수밖에 없었습니다. 그러나 비록 산지로 쫓겨났음에도 불구하고 소수의 단 자손은 분배받은 기업을 버리지 않았습니다. 물론 아모리 족속이라는 강한 적과 싸웠던 사람들은 전쟁에서는 져서 산지로 쫓겨났습니다. 그러나 하나님이 주신 기업만큼은 절대로 포기하지 않고 그곳에 남아 있었습니다.[27] 그리고 이들의 후손 중 한 사람이 하나님이 주신 기업에 남아 있었던 삼손의 아버지 마노아였습니다.

> 소라 땅에 단 지파의 가족 중에 마노아라 이름하는 자가 있더라
> _삿 13:2

사람들은 주류(Mainstream)에서 벗어나는 것을 두려워하는 경향이 있습니다. 주류와 멀어지지 않기 위해서 자신의 의견을 표출하기보다는 차라리 침묵을 선택하며 다수와 함께하려고 합니다.[28] 주류의 흐름이나 대세를 무시하거나 거스르는 것은 생각 이상으로 어렵습니다. 마노아 선조들의 신앙이 놀라운 이유가 바로 여기에 있습니다. 단 지파가 북쪽으로 이동할 때, 마노아의 선조는 지파 전체의 결정을 끝까지 반대하고 하나님이 주신 기업에 남았습니다. 소위 말해, 대세를 따르지 않고 하나님에 대한 믿음을 굳게 지켰습니다. 그리고 비록 적은 숫자였지만, 하나님이 주신 기업을 얻기 위해 아모리 족속과의 싸움도 마다하지 않았습니다. 남아 있는 소수의 사람들은, 왕이 없어서

---

27 이를 토대로 살펴보면, 단 지파는 사사 초기에 이미 다른 지파들과 어떤 모양으로든 구별된 것으로 보입니다. 참고, Butler, *Judges*, 31.
28 성재민, 『소셜 캠페인, 마음까지 마케팅하라: 트위터와 페이스북, 성공하는 소셜미디어 마케팅의 7가지 비밀』(서울: 북카라반, 2012), 298.

자기가 하고 싶은 대로 살던 사사 시대에도 편하고 안전한 길을 버리고 하나님을 바라보며 살았던 믿음의 사람들이었습니다.

이런 단 지파의 남은 자들은 믿음의 삶에 대해서 많은 도전을 줍니다. 믿음의 길은 세상과 구별된 삶의 태도가 필요합니다. 그리스도인이 보냄을 받은 목적은 세상 사람들의 목적과 분명히 다르기 때문에 세상의 방법을 가지고 믿음의 삶을 살 수 없습니다. 물론 쉽지 않습니다. 그래서 믿음의 선택을 하며 몸부림치며 사는 사람들은 다수가 아니라 언제나 소수입니다.

사도 바울 역시 성도들에게 권면합니다.

이 세대를 본받지 말고 오직 마음을 새롭게 함으로 변화를 받아 하나님의 선하시고 기뻐하시고 온전하신 뜻이 무엇인지 분별하도록 하라 _롬 12:2

바울이 말하고 있는 하나님의 백성이 걸어가야 하는 길은 하나님의 기업을 목숨처럼 소중히 여겼던 마노아의 가족이 걸었던 믿음의 길이 아니었을까요? 시편 기자는 이런 사람을 복이 있는 사람이라고 소개하고 있습니다.

복 있는 사람은 악인들의 꾀를 따르지 아니하며 죄인들의 길에 서지 아니하며 오만한 자들의 자리에 앉지 아니하고 오직 여호

와의 율법을 즐거워하여 그의 율법을 주야로 묵상하는도다 _시
1:1-2

예수님도 우리가 좁은 문과 넓은 문 사이에서 믿음의 선택을
해야 한다고 말씀하셨습니다.

좁은 문으로 들어가라 멸망으로 인도하는 문은 크고 그 길이 넓
어 그리로 들어가는 자가 많고 생명으로 인도하는 문은 좁고 길
이 협착하여 찾는 자가 적음이라 _마 7:13-14

아무리 좋게 보이고 많은 사람들이 옳다고 여기며 가는 길일
지라도 세상의 방법을 따르는 길이라면 멈춰서 그 길을 따라갈
것인지 고민해야 합니다. 그 길의 끝이 사망이라면 반드시 멈추
고 피해야 합니다(롬 6:23). 이스라엘에 왕이 없어서 각자 자기가
하고 싶은 대로 살던 사사 시대에 마노아의 가족은 사람들의 인
정과 평판을 쫓지 않았습니다. 대신, 하나님의 기업을 선택했습
니다. 삼손은 이런 믿음의 가정에서 태어나고 자랐습니다. 그리
고 하나님은 이들을 복 있는 사람으로 불러 주셔서 하나님의 놀
라운 은혜를 전하는 통로로 쓰임 받도록 하셨습니다.

완전히 망해 버린 지파

이름이 사라졌어요!

하나님이 주신 기업을 헌신짝처럼 버리고 약속의 땅을 떠난 단 지파! 게다가 지파 전체가 적극적으로 우상 숭배를 했던 단 지파는 어떻게 되었을까요?

역대기 기자는 바벨론 포로에서 돌아온 유다의 남은 자들을 위해 이스라엘 열두 지파를 다시 소개했습니다. 그런데 열두 지파의 명단에 흥미로운 사실이 있습니다. 역대기 기자는 단 지파보다 더 작고 약했던 베냐민이나 시므온 지파는 소개했지만, 출애굽 당시에 두 번째로 컸던 단 지파는 제외시켰습니다(대상 2–8장).

이뿐만이 아닙니다. 오랜 시간이 지난 뒤에 단 지파에 관한 안타까운 이야기가 기록되었습니다. 다윗을 이어 왕이 된 솔로몬은 여호와의 성전을 건축하려고 했습니다. 이때 두로 왕 후람은 백향목과 솜씨 좋은 기술자를 보내서 솔로몬의 성전 건축을 도왔습니다.

> 내가 이제 재주 있고 총명한 사람을 보내오니 전에 내 아버지 후람에게 속하였던 자라 이 사람은 단의 여자들 중 한 여인의 아들이요 그의 아버지는 두로 사람이라 _대하 2:13-14a

두로 왕은 솔로몬의 성전 건축을 위해 '단의 여자'와 '두로 남자' 사이에서 태어난 기술자를 보냈습니다. 사사 시대 초기에 기업을 버리고 약속의 땅을 떠나 우상을 숭배했던 단 지파는 점차 다른 이스라엘 지파들과 거리가 멀어지면서 오히려 두로와 가까워졌습니다. 그리고 결혼을 통해 섞여 살았습니다. 결국 단 지파는 하나님의 선택된 백성으로서 구별된 모습을 잃어버렸습니다. 그런데 이 모든 일이 솔로몬왕 때에 이미 있었던 일이라는 사실이 매우 충격적입니다. 결국 단 지파가 열두 지파에서 제외되는 것은 피할 수 없는 현실이 되었습니다. 복된 자의 길에서 떠나 우상을 숭배하며 돌이킬 수 없는 길로 가 버린 단 지파는 더 이상 하나님의 백성이 아니었습니다. 그리고 역사의 뒤안길로 사라졌습니다.

구원의 명부에서 사라진 지파

단 지파는 이스라엘 열두 지파에서 제외되었을 뿐만 아니라 하나님의 심판을 받아 구원에서 제외되는 비극을 맞았습니다. 요한계시록 7장은 모든 천사가 하늘 보좌 앞에 엎드려 얼굴을 대고 하나님께 경배하며 찬양하는 장면을 웅장하게 표현하고 있습니다.

큰 소리로 외쳐 이르되 구원하심이 보좌에 앉으신 우리 하나님

과 어린양에게 있도다 _계 7:10

아멘 찬송과 영광과 지혜와 감사와 존귀와 권능과 힘이 우리 하
나님께 세세토록 있을지어다 아멘 _계 7:12

하늘 보좌 주위에는 인침을 받은 이스라엘 열두 지파
144,000명과 흰옷을 입은 하나님의 백성들이 있었습니다. 각
지파마다 12,000명이 모였으니 이들을 모두 합하면 144,000명
이 됩니다. 그런데 놀랍게도, '인침을 받은 자의 수'에서 '단 지
파'가 제외되었습니다. 이 숫자는 상징적인 의미를 주지만, 단
지파와 관련해서는 시사하는 바가 매우 큽니다. 단 지파는 이미
솔로몬 이전에 이스라엘 열두 지파에서 제외된 것만이 아니라
구원받은 자의 대열에서도 사라졌습니다.[29]

사실 이스라엘 다른 지파들도 가나안 족속을 완전히 쫓아내
지 못했고 지속적으로 우상을 섬겼습니다. 그런데 왜 유독 단
지파만 열두 지파에서 제외되고 구원받은 자의 수에서도 제외
되는 처참한 결말을 맞게 되었을까요? 단 지파로서는 억울한
부분이 있을지도 모르겠습니다. 성경이 이 부분에 대해서 명확
한 설명을 하지는 않지만, 단 지파의 행적을 살펴보면 그 이유

---

29 James M. Hamilton Jr., *Revelation: The Spirit Speaks to the Churches*, ed. R. Kent Hughes(IL: Crossway, 2012), 190.

를 분명히 찾을 수 있습니다. 단 지파가 심판을 받은 핵심적인 이유는 하나님이 주신 기업을 헌신짝처럼 버리고 지파 전체가 앞장서서 우상을 섬겼기 때문입니다. 이로 말미암아 단 지파는 더 이상 하나님의 은혜 안에 머물지 못했고 그 결과 역사에서 사라지고 구원의 명부에서조차 사라졌습니다.

하나님의 기업, 자녀

단 지파가 하나님의 기업을 포기하고 우상을 숭배한 것 때문에 하나님의 심판을 받은 것이 사실이라면, 하나님의 기업에는 더 중요한 의미가 있다고 볼 수 있습니다. 하나님이 주신 기업은 단순히 재산이나 소유가 아닙니다.

가나안 땅은 하나님이 이스라엘 백성에게 주신 기업이었습니다. 그런데 정확하게 말하면 이스라엘 백성에게 기업으로 주셨지만, 이스라엘 백성의 소유는 아니었습니다. 이것은 가나안 족속에게도 마찬가지였습니다. 가나안 족속은 가나안 땅에 살고 있었습니다. 그러나 하나님은 가나안 족속의 죄가 가득 차서 그들이 심판을 받아 쫓겨날 때까지 그 땅에 살도록 허락하신 것이라고 말씀하셨습니다(창 15:16).

이스라엘 백성도 이 사실을 분명히 알고 있었습니다. 하나님을 신실하게 믿고 하나님의 계명을 지킬 때, 이스라엘 백성은 하나님의 기업인 약속의 땅에 살 수 있었습니다. 그러나 하나님을 떠나 우상을 섬기면, 하나님은 언제든지 이스라엘 백성을 약속의 땅에서 쫓아내실 것이라고 경고하셨습니다. 따라서 하나님의 기업인 가나안 땅은 이스라엘 백성이 하나님의 명령에 순종할 때에만 살 수 있도록 허락된 땅이었습니다.

그러므로 약속의 땅의 소유주는 이스라엘 백성이 아니고 하나님이십니다. 그래서 이스라엘 백성이 약속의 땅에 거할 수 있는 유일한 방법은 하나님을 온전히 섬기는 것뿐이었습니다. 다시 말해 가나안 땅은 이스라엘 백성이 순종과 믿음을 전제로 살 수 있도록 허락된 하나님의 땅이었습니다. 따라서 약속의 땅에서 받은 기업을 버린 단 지파는 하나님과의 관계를 지속해 나갈 수 없었고 하나님과 관계를 지속할 이유도 없었습니다.

그렇다면 이스라엘 백성처럼 '하나님의 기업'을 지킨다는 것이 지금의 그리스도인에게 무슨 의미가 있을까요? 성경에는 가나안 땅과 함께 또 하나의 '기업'이 등장합니다. 이스라엘 백성이 가나안 땅에 들어가서 얻을 땅을 '기업'이라고 표현하는데, 동일한 단어가 '자녀'를 의미할 때도 사용됩니다.[30]

---

30 기업이나 소유를 의미하는 히브리어 'נחלה'(나할라)는 자녀를 가리킬 때도 동일하게 사용되고 있습니다.

보라 자식들은 여호와의 기업이요 태의 열매는 그의 상급이로다

_시 127:3

기업이라는 단어가 지시하는 '가나안 땅'과 '자식'을 동일한 것으로 보기는 힘들지만, 두 종류의 기업을 대하는 태도에는 유사한 점이 있습니다. 약속의 땅이 이스라엘의 소유가 아니고 하나님의 소유인 것처럼, 자녀들도 부모의 소유가 아니라 하나님의 소유라는 점입니다. 그래서 부모는 자신이 원하는 대로 자녀를 키우는 것이 아니라 자녀의 진정한 소유자이신 하나님이 원하시는 방법으로 양육해야 합니다. 이스라엘 백성이 하나님의 말씀에 순종하며 하나님이 원하시는 삶을 살 때 그 땅에 거할 수 있도록 허락된 것처럼, 자녀는 하나님의 소유로서 부모에게 잠시 맡겨진 기업임을 분명히 기억해야 합니다.

따라서 이스라엘 백성은 하나님이 각 가정에게 주신 기업인 자녀들이 또 하나의 기업인 약속의 땅에서 살 수 있도록 그들에게 하나님의 말씀을 가르쳐야 했습니다. 그래서 이스라엘 부모의 제일 중요한 역할은 자녀들에게 하나님을 사랑하고 잘 섬기도록 가르치는 일이었습니다.

이스라엘아 들으라 우리 하나님 여호와는 오직 유일한 여호와이시니 너는 마음을 다하고 뜻을 다하고 힘을 다하여 네 하나님 여

호와를 사랑하라 오늘 내가 네게 명하는 이 말씀을 너는 마음에 새기고 네 자녀에게 부지런히 가르치며 집에 앉았을 때에든지 길을 갈 때에든지 누워 있을 때에든지 일어날 때에든지 이 말씀을 강론할 것이며 너는 또 그것을 네 손목에 매어 기호를 삼으며 네 미간에 붙여 표로 삼고 또 네 집 문설주와 바깥문에 기록할지니라 _신 6:4-9

자녀들이 부모로부터 하나님을 사랑하는 법과 하나님의 말씀을 잘 배워서 하나님께 순종하며 살면, 하나님이 주신 기업인 약속의 땅에서 살 수 있었습니다.

이어달리기를 생각해 보면 쉽게 이해할 수 있습니다. 첫 주자가 한 바퀴를 돌고 다음 주자에게 바통을 넘겨줍니다. 먼저 뛴 사람은 바통을 잘 넘겨줘야 하고 다음 주자는 바통을 잘 받아야 합니다. 만약 다른 팀의 바통을 받으면 그 사람은 그대로 실격이 됩니다. 이스라엘 백성이 대대손손 넘겨주고 받아야 할 바통은 하나님의 말씀이었습니다. 부모가 자녀에게 하나님의 말씀을 잘 가르치면 그 자녀들은 약속의 땅에서 계속 살 수 있게 됩니다. 그러나 부모가 자녀에게 하나님의 말씀을 가르쳐 주지 못하면, 자녀들은 하나님을 떠나게 될 것이고 결국 기업으로 받은 약속의 땅에서 쫓겨나게 됩니다.

따라서 부모는 하나님의 말씀을 자녀들에게 잘 가르쳐서 자손 대대로 하나님의 기업을 이어받을 수 있도록 먼저 보냄을 받은 청지기입니다. 그리스도인 부모가 자녀를 위해 해 줄 수 있는 가장 값지고 소중한 것은 자녀들에게 하나님의 말씀을 잘 가르쳐서 자녀들로 하여금 하나님 말씀 안에 온전히 거하며 살도록 만드는 일입니다. 무엇보다 이 일을 위해 기도하는 부모가 되어야 합니다. 그리고 믿음으로 살아야 합니다. 믿음의 부모로서 기업으로 주어진 자녀를 말씀으로 양육해야 하는 부모의 소명은 삼손의 부모에게도 예외가 될 수 없었습니다.

스터디 가이드

야곱에게는 열두 아들이 있었습니다. 그중에서 하나님을 섬기도록 구별된 레위 지파가 빠지고 요셉의 두 아들, 므낫세와 에브라임 지파가 추가되면서 이들은 이스라엘의 근간이 되는 열두 지파를 형성했습니다. 약속의 땅에서 열두 지파는 기업을 받았습니다. 단 지파가 분배받은 기업은 에브라임 지파와 유다 지파 사이에 위치했습니다.

1. 사사기는 삼손의 아버지 마노아를 소개하면서 그가 단 지파의 후손임을 밝히고 있습니다. 출애굽 때와 사사 시대 초기 단 지파의 위상은 어느 정도였습니까? (민수기 1, 26장 참고)

2. 단 지파가 약속의 땅에서 분배받은 기업을 포기한 가장 결정적인 이유는 무엇입니까? (삿 1:34; 18:1)

3. 단 지파가 하나님이 주신 기업을 포기한 것은 왜 문제가 되었습니까? (왕상 21:1-29) 이에 대한 하나님의 심판은 어떻게 나타났습니까? (대상 2-8장, 대하 2장, 계 7장)

4. 하나님이 이스라엘에게 주신 기업에는 두 종류가 있습니다. 하나는 약속
   의 땅으로 주신 가나안 땅이고 다른 하나는 부모에게 맡기신 자녀입니
   다. 자녀가 하나님이 주신 기업이라는 사실이 그리스도인 가정에 주는
   의미와 도전은 무엇입니까?

03

삼손의 부모와 이웃사촌

삼손의 아버지, 마노아

소라 땅에 단 지파의 가족 중에 마노아라 이름하는 자가 있더라 그의 아내가 임신하지 못하므로 출산하지 못하더니 여호와의 사자가 그 여인에게 나타나서 그에게 이르시되 보라 네가 본래 임신하지 못하므로 출산하지 못하였으나 이제 임신하여 아들을 낳으리니 그러므로 너는 삼가 포도주와 독주를 마시지 말며 어떤 부정한 것도 먹지 말지니라 보라 네가 임신하여 아들을 낳으리니 그의 머리 위에 삭도를 대지 말라 이 아이는 태에서 나옴으로부터 하나님께 바쳐진 나실인이 됨이라 그가 블레셋 사람의 손에서 이스라엘을 구원하기 시작하리라 _삿 13:2-5

마노아는 자식이 없었습니다. 마노아의 아내가 잉태하지 못했다는 사실을 강조한 것을 보면, 마노아 가정에는 오랫동안 자식이 없었던 것 같습니다. 고대에 자녀가 없는 것은 극도로 심각한 문제였습니다. 마노아의 조상들은 하나님의 기업을 더할 나위 없이 소중히 여겼는데, 그 기업을 전해 줄 자식이 없다는 사실은 어쩌면 하나님의 말씀이 끊어질 수 있다는 걱정을 자아냈습니다. 마노아로서는 상상도 하기 싫은 상황이었습니다. 이 때문에 마노아 부부는 절망과 좌절 사이에서 살아가야만 했습니다.[31]

그러던 어느 날, 하나님의 사자가 마노아의 아내에게 나타났습니다. 그 입에서 놀라운 말이 나왔습니다. 마노아의 아내가 아들을 낳을 텐데, 이 아들이 블레셋 사람의 손에서 이스라엘을 구원하기 시작할 것이라고 말했습니다(삿 13:3-5). 아직 아들을 낳은 것은 아니지만, 기업을 이을 아들을 낳을 것이라는 말을 들었으니 얼마나 가슴이 두근거렸겠습니까? 그런데 하나님의 사자는 전혀 생각할 수 없었던 소식도 덧붙였습니다. 태어날 아들이 이스라엘을 원수 블레셋의 손에서 구원하는 데 쓰임 받을 하나님의 종으로 선택되었다는 소식이었습니다.

마노아는 아내에게 하나님의 사자의 예언을 들은 후 믿음의 후손답게 하나님께 기도했습니다.

---

31 Webb, *The Book of Judges*, 350.

마노아가 여호와께 기도하여 이르되 주여 구하옵나니 주께서 보내셨던 하나님의 사람을 우리에게 다시 오게 하사 우리가 그 낳을 아이에게 어떻게 행할지를 우리에게 가르치게 하소서 _삿 13:8

마노아는 먼저 특별한 사명을 받고 이 땅에 태어날 아이를 어떻게 키워야 하는지 알고 싶어 하나님께 기도했습니다. 간절한 마노아의 기도에 하나님이 바로 응답하셨습니다. 하나님의 사자가 이들 부부 앞에 다시 나타났습니다. 그때 마노아가 다시 물었습니다.

이 아이를 어떻게 기르며 우리가 그에게 어떻게 행하리이까 _삿 13:12

삼손이 태어날 무렵 이스라엘은 하나님의 심판을 받아서 블레셋에게 큰 고통을 당하고 있었습니다. 그럼에도 불구하고 이스라엘 백성은 하나님을 찾지 않았습니다. 고통의 정도가 약했기 때문은 아니었습니다. 우상을 숭배하느라 하나님을 믿지 않았기 때문에 고통을 당하면서도 하나님을 찾아야 할 필요도 느끼지 못했던 것이었습니다. 이처럼 고통을 당하면서도 우상을 포기하지 못했던 이스라엘 백성과 달리, 마노아는 무릎으로 하나님께 나아갔던 기도의 사람이었습니다. 하나님의 소유된 기업인 아들을 어떻게 양육해야 할지 하나님께 묻고 물었습니다.

바울은 "각처에서 남자들이 분노와 다툼이 없이 거룩한 손을 들어 기도"(딤전 2:8)할 것을 권면했습니다. 모든 하나님의 백성이 기도해야 하는데, 무엇보다 가정을 위해 아버지가 더 적극적으로 기도해야 합니다. 아내와 자녀들에게 분노를 내지 말고 다툼을 일으키지 말고 기도로 가정을 세워야 합니다. 자기 몸 하나 건사하기도 힘든 세상에서 가정, 특히 자녀들을 양육하기 위해서 아버지의 기도는 선택이 아니라 필수입니다. 하나님의 뜻을 분별하며 하나님의 은혜를 구하는 아버지의 기도가 자녀를 살릴 수 있습니다.

그래서 마노아는 기도했습니다. 곧 태어날 아들이 하나님에게 뭔가 대단한 사명을 받아서 세상에서 성공해 떵떵거리며 살게 해 달라고 기도하지 않았습니다. 자식의 출세와 성공을 자신의 자랑거리로 삼으려고 하지도 않았습니다. 그는 하나님이 주실 아들이 하나님께 구별된 하나님의 소유임을 분명히 알았습니다.[32] 그래서 자신들이 원하는 대로 아이를 양육하려고 하지 않았습니다. 태어날 아이를 향한 하나님의 뜻을 알고 싶었습니다. 아이를 어떻게 양육해야 하나님이 기뻐하시는지 알고 싶었

---

32 위의 책, 354.

습니다.

　우리도 그리스도인 부모로서 마노아처럼 기도해야 합니다. 많은 부모들이 자녀를 성공한 사람으로 키워서 자랑거리로 삼고 싶어 합니다. 그리고 자녀의 성공을 통해서 보상을 받고 싶어 합니다. 기독교 상담 전문가인 폴 트립(Paul Tripp)은 많은 미국의 부모들이 자녀를 위해 많은 투자를 한 만큼 자녀에게 무언가 바라는 것을 당연하게 여긴다고 말했습니다.[33] 미국에서 자녀들의 순수한 능력만으로 아이비리그(IVY league) 같은 좋은 대학에 진학한다는 것은 옛말이 되었습니다. 대학이 원하는 스펙을 만들어야 그나마 경쟁력이 높아지고 합격할 가능성이 높아집니다. 그래서 많은 학생들이 대학 진학 전문가의 도움을 받습니다. 좋은 대학에 진학하기 위해 학점과 대학 시험(SAT/ACT) 점수가 높아야 하는 것은 물론이고, 어려서부터 스포츠도 한 가지씩 하고 다양한 봉사 활동도 합니다. 악기도 하나씩 배웁니다. 이 모든 스펙을 만들기 위해서 부모는 매번 차편을 제공해야 하고 시간과 돈을 투자해야 합니다. 결코 쉽지 않습니다. 이렇게 하지 않으면 최고의 스펙을 쌓을 수가 없습니다. 그래서 많은 부모님들이 자녀를 위해 헌신하고 투자한 것에 대해 보상을 받고 싶어 합니다.

---

33 폴 트립, 『위기의 십대, 기회의 십대』, 황규명 역(서울: 디모데, 2004), 47.

「세상을 바꾸는 시간, 15분」이라는 프로그램에서 한 교장 선생님이 부모들에게 던진 질문이 인상 깊었습니다.

부모의 가장 큰 어리석음은 자식을 ○○○○로 만들고자 함이다. 그리고 부모의 가장 큰 지혜는 자신의 삶이 자식의 ○○○○가 되게 하는 것이다.[34]

두 문장에 들어갈 단어가 무엇일까요? '자랑거리'입니다. "부모의 가장 큰 어리석음은 자식을 자랑거리로 만들고자 함이다." 그리고 "부모의 가장 큰 지혜는 자신의 삶이 자식의 자랑거리가 되게 하는 것이다."

자녀가 자랑스러워하는 부모가 되는 것! 부모에게는 참 어려운 숙제이고 큰 도전입니다. 그러나 정말 중요합니다. 명문 대학에 진학한 자식을 자랑하는 부모가 아니라 부모가 살아가는 모습이 자녀에게 자랑거리가 되어야 한다는 점이 중요합니다. 그러나 무엇을 자랑해야 하는가에 대해서는 좀 더 생각해 봐야 합니다. 돈을 최고로 생각하는 자녀라면 돈 많은 부모가 자랑스러울 것 같습니다. 권력을 최고로 생각하는 자녀라면 사회적인 명성과 지위를 누리는 부모를 자랑스러워할 것 같습니다.

---

34 이유남, "내 아이를 더 멋지게 키우는 방법", 「세바시」, 2018년 8월 21일 접속, https://youtu.be/2c1is-1Z4SQ.

자녀가 자랑스러워하는 부모가 되는 것과 함께 중요한 것은 자녀에게 삶의 중요한 가치가 무엇인지 가르치는 것입니다. 부모가 그리스도인이라면 하나님이 기뻐하시는 삶이 무엇인지 자녀에게 가르쳐야 합니다. 그리스도인에게 삶의 중요한 가치는 우리를 이 땅에 보내신 창조주 하나님에게서 찾아야 합니다. 일반 철학자는 창조주 하나님을 배제하고 인간 스스로 주인이 되어서 '나'를 찾으려고 합니다. 그러나 믿음은 창조주 하나님을 찾고 하나님을 통해서 자신의 정체성을 찾도록 인도합니다. 하나님의 말씀을 통해서 삶의 목적을 찾을 수 있고 하나님의 자녀로서 어떻게 살아야 하는지를 배울 수 있습니다.

"이 아이를 어떻게 기르며 우리가 그에게 어떻게 행하리이까"라고 하나님께 물었던 마노아의 모습은 수많은 믿음의 부모에게 많은 도전을 줍니다. 세상의 방법과 성공을 가르치기 전에 하나님의 말씀을 가르치는 부모가 되어야 합니다. 자녀들을 향한 하나님의 뜻이 무엇인지 분별하는 부모가 되어야 합니다. 계속해서 하나님께 물으며 자녀들이 하나님의 선하신 뜻을 따라가도록 도와야 합니다.[35]

---

35 삼손 부모님의 교육에 대해서는 부록 "믿음의 부모와 자녀에 대한 소고"와 "정체성에 대한 소고"를 참고하시기 바랍니다.

삼손의 이웃사촌, 블레셋

미국 유학의 첫 시작, 달라스! 한반도보다 몇 배나 넓어서 동쪽에서 서쪽까지 쉬지 않고 운전해도 11시간이 넘게 걸리는 넓은 텍사스 주! 그래서 텍사스를 벗어나는 것이 엄두가 나지 않았습니다. 그런데 달라스에서 차로 5시간 떨어진 곳에 아내의 친구가 살고 있었습니다. 타국에 있다 보니, 명절이나 특별한 날이면 가족이 그리워졌습니다. 그래서 멀어서 5시간을 운전해 가면서도 두 집이 함께 교제하며 즐거운 시간을 보냈습니다.

하루는 첫째가 아내의 친구가 이모 같다며 이모가 보고 싶다고 했습니다. 저는 그 말을 듣고 깜짝 놀라 물었습니다. "이모가 선물을 많이 사 주니까 좋지?" 그런데 첫째의 대답은 의외였습니다. "가까이 살고 있고, 가끔씩 보니까 좋아요!" 자주 보고 추억을 만들다 보니 혈육보다 더 가깝게 느껴지는 것이 인지상정인 것 같습니다. '먼 친척보다 가까운 이웃사촌이 더 낫다'는 말이 새삼 마음에 와 닿았습니다.

삼손에게도 가까운 이웃이 있었습니다. 삼손이 살았던 지역은 베냐민과 에브라임과 유다 지파와 가까웠기 때문에 삼손뿐만 아니라 단 지파의 남은 사람들은 이들 이웃과 자주 왕래하며 지냈습니다. 특별히 삼손이 살았던 소라와 에스다올 사이 마하네단은 유다의 영토였던 기럇여아림과 매우 가까웠습니다(삿

18:12).

그러나 삼손에게는 이스라엘 형제들보다 더 가까운 이웃이 있었습니다. 삼손이 살던 땅은 블레셋의 딤나와 지근거리였습니다. 마음만 먹으면 언제든 갈 수 있는 곳이었습니다. 뿐만 아니라 들릴라와 사랑을 속삭였던 소렉 골짜기도 블레셋 땅이었습니다(삿 16:4-20). 심지어 창녀와 하룻밤을 보내기 위해서 찾아간 가사(삿 16:1-3)는 블레셋 깊숙한 곳에 있던 지역이었습니다.[36]

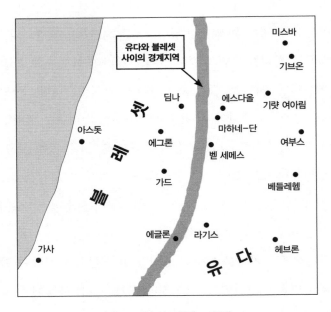

〈지도 3. 삼손의 고향과 그 주변〉

---

36 J. Clinton McCann, *Judges*, Interpretation: A Bible Commentary for Teaching and Preaching, ed. James Luther Mays, Patrick D. Miller, and Paul J. Achtemeier(Louisville, KY: John Knox, 1989), 111.

블레셋과 지리적으로 가까운 곳에 살다 보니, 처음에는 낯설고 어색했던 블레셋 사람들의 삶이 삼손에게는 점점 익숙해지고 친근해지기 시작했던 것 같습니다. 블레셋 땅에서 일어나는 일들이 삼손에게는 머나먼 나라의 일이 아니었습니다. 늘 궁금하고 참견하고 싶었습니다. 축제나 볼거리가 있으면 친구들과 어울려 블레셋 땅으로 놀러 가는 삼손의 모습을 어렵지 않게 떠올려 볼 수 있습니다.

그러던 어느 날, 삼손은 여느 때처럼 딤나에 갔다가 그곳에서 블레셋 여인을 보고 첫눈에 반했습니다. 그녀를 향한 감정을 주체할 수 없었습니다. 삼손은 어떻게 해서든 부모님의 허락을 받아 결혼까지 하려고 했습니다(삿 14:1-10). 결국 부모의 반대에도 불구하고 그 여인과 결혼을 했습니다.

이스라엘 백성에게 하셨던 하나님의 경고가 시간이 흐르면서 여기저기에서 나타나기 시작했습니다. 하나님은 이스라엘 백성이 가나안 땅에 들어가기 전부터 계속해서 그 땅에 들어가면 모든 가나안 족속을 진멸하라고 명령하셨습니다. 가나안 족속이 저지른 죄에 대한 하나님의 심판이라는 의미가 있지만, 더 중요한 이유가 있었습니다. 이스라엘 백성이 가나안 족속과 지내다가 부정적인 영향을 받아 우상을 섬기고 하나님을 떠날 수 있기 때문이었습니다.

안타깝게도 하나님의 염려는 현실이 되었습니다. 이스라엘 백성은 가나안 족속을 진멸하지 못했습니다. 오히려 가나안 족속과 교제하며 그들의 행위를 따라 우상을 섬겼습니다. 블레셋과 지근거리에 살았던 삼손 역시 블레셋의 영향을 받았습니다. 더 나아가 블레셋 여인을 사랑하고 그녀와 결혼까지 했습니다. 정말 안타까운 일이 아닐 수 없습니다.

하나님의 백성은 세상에 보냄을 받았습니다. 하나님은 인간을 당신의 형상대로 창조하신 다음에 세상에 흩어져서 당신의 형상대로 모든 생물을 다스리라고 명령하셨습니다(창 1:26-28). 그러나 인간이 타락하고 점점 죄의 영향이 커지면서 인간은 하나님의 명령과 반대로 움직이기 시작했습니다. 창세기 11장의 바벨탑 사건은 하나님의 창조 명령과 정반대로 움직이는 인간의 반역이었습니다. 세상의 방법이 더 좋아 보였습니다. 삼손도 블레셋이 좋았고 블레셋의 딤나 여인이 더 좋았습니다.

세상의 영향을 받고 세상의 방법대로 살아가는 모습은 삼손의 때나 지금이나 바뀌지 않았습니다. 세상이 점점 타락하고 그 정도가 심해지고 있기 때문에, 앞으로 더욱 심각한 문제가 일어날 수 있습니다. 삶이 더욱 편리해지고 생활 수준은 높아졌지만, 문명의 편리함 뒤에 가려진 죄악 된 모습은 시간이 지날수록 더욱 심각해지고 있습니다. 도덕과 윤리가 무너지고 가정이 심각하게 파괴되고 있습니다. 부모가 자식을, 자식이 부모를 잔인하게 죽이는 등 예전에는 생각지도 못했던 사건들이 비일비

재하게 일어나고 있습니다. 누가 더 악하고 잔인한지 경쟁하듯이 하루가 멀다 하고 사건 사고가 끊이지 않고 있습니다.

삼손과 블레셋 사람들 사이에는 지리적, 문화적, 종교적 경계라도 존재했지만, 지금은 이런 경계가 무의미할 정도로 모든 분야에서 그리스도인과 불신자가 섞여 살고 있습니다. 피하고 도망가서도 안 되겠지만 세상으로부터 도망갈 수도 없습니다. 그래서 진지하게 스스로에게 물어야 합니다. '세상에 영향을 주고 있습니까?' 아니면 '세상의 영향을 받으며 살고 있습니까?' 이것이 문제의 본질입니다.

하나님은 그리스도인을 거룩한 자로 구별하셔서 이 세상에 보내셨습니다. 예수님은 그리스도인이 '세상의 소금이요 빛'이라고 하셨습니다(마 5:13-16). '죽지 못해 산다'는 말이 입버릇처럼 나오게 만드는 이 세상에서 그리스도인은 세상과 구별되어 세상을 변화시키며 살아야 합니다. 따라서 하나님께 구별되어 부름을 받았던 삼손은 세상을 변화시키며 살아야 했는데, 오히려 세상에 설득되어서 세상의 삶을 따라갔습니다. 도대체 어디에서 문제가 생긴 것일까요? 무엇이 잘못되어서 삼손은 세상을 좇아갔을까요?

스터디 가이드

삼손의 부모는 왕이 없어 사람들이 자기 소견에 옳은 대로 살던 시대에 살았습니다. 단 지파는 이른 시기에 이미 하나님의 기업을 버리고 약속의 땅을 떠났습니다. 주류와 다른 길을 선택하는 것은 쉽지 않습니다. 그럼에도 불구하고 마노아의 조상들은 믿음으로 하나님이 주신 기업을 떠나지 않았습니다. 창세기 5장을 보면 아담의 후손들은 태어나서 결혼하고 자녀를 낳고 살다가 죽는 것을 반복합니다. 이 족보에 그 흐름을 거슬러 올라갔던 에녹이 등장합니다. 그 당시 사람들과 달리 에녹은 하나님과 동행하며 살다가 하늘로 올라갔습니다. 삼손의 조상들과 마노아 역시 악한 시대를 거슬러 올라갔던 믿음의 사람들이었습니다.

1. 사사기는 삼손의 아버지 마노아가 단 지파의 자손임을 먼저 밝히고 있습니다. 마노아가 단 지파의 후손이라는 것이 삼손 이야기에서 중요한 이유는 무엇입니까?

2. 마노아가 하나님께 드린 기도를 살펴볼 때, 오늘날 그리스도인 부모가 염두에 두어야 할 것은 무엇입니까?

3. '맹모삼천지교'라는 말처럼, 자라나는 자녀에게 주변 환경은 매우 중요합니다. 삼손이 살았던 마하네단이 블레셋 땅과 지리적으로 가까워서 생긴 일은 무엇이었습니까?

4. 만약 삼손이 블레셋과 교류하며 살았던 것이 문제가 되었다면, 그리스도인들은 세상 사람들과 단절하며 살아야 할까요? 그리스도인들이 세상을 향해 가져야 할 성경적 태도는 무엇일까요? (창 1:26-28; 마 28:19-20)

04
나실인 사사 삼손

하나님의 사자[37]

사방이 칠흑같이 어두운 때에도 소망을 품고 살 수 있을까요? 소망을 품어야 고난도 이겨 낼 수 있지만, 현실이 마냥 녹록하지만은 않습니다. 아무리 노력해도 상황이 바뀌지 않는다면, 아니 더 절망적인 상황이 되어 버리면, 소망은커녕 절망과 두려움으로 숨이 턱턱 막혀 버립니다. 이쯤 되면 아무 생각도 나지 않고 하루하루 사는 것조차 버겁게 느껴집니다. 어쩌면 아침이 오고 눈을 떠야 하는 현실이 두려울 수 있습니다.

그래서였을까요? 극심한 고통 속에서도 이스라엘 백성은 이상하리만큼 하나님을 찾지 않았습니다. 하나님을 찾아야 소망이 생기고 고난도 이길 수 있는데, 왜 그런지 이스라엘 백성은

---

37 사사기 본문에는 '여호와의 사자'라고 표현되어 있지만, 이 책에서는 '하나님의 사자'로 통일해서 사용합니다.

하나님을 찾지 않았습니다. 절망과 고통이 커질수록 우상 앞에 나아가 살려 달라고 애원했습니다. 우상을 섬긴 것 때문에 당하는 고통임에도 불구하고 어리석게도 다시 우상을 찾았습니다. 그럼에도 불구하고 하나님은 이스라엘을 구원하시기 위한 놀라운 계획을 시작하셨습니다.

> 소라 땅에 단 지파의 가족 중에 마노아라 이름하는 자가 있더라 그의 아내가 임신하지 못하므로 출산하지 못하더니 여호와의 사자가 그 여인에게 나타나서 그에게 이르시되 보라 네가 본래 임신하지 못하므로 출산하지 못하였으나 이제 임신하여 아들을 낳으리니 … 이 아이는 태에서 나옴으로부터 하나님께 바쳐진 나실인이 됨이라 그가 블레셋 사람의 손에서 이스라엘을 구원하기 시작하리라 _삿 13:2-5

동양에서 용은 왕을 상징하는 짐승이라고 생각해서 예부터 용꿈을 꾸면 나라를 구할 큰 인물이 태어날 것이라며 크게 기대했습니다. 만약 삼손이 한국에서 태어났다면, 그의 부모님도 용꿈을 꿨을까요? 그런데 용꿈 정도가 아니었습니다. 바로 눈앞에 하나님의 사자가 나타났습니다. 그리고 그는 아들을 낳게 될 것이라고 알려 주었습니다.

성경에는 임신도 하기 전에 하나님 또는 하나님의 사자가 나타나 예언한 사건이 세 번이나 더 있습니다. 첫 번째는 하나님이 아브라함에게 아들을 낳을 것을 예언하시고 그 아이에게 '이삭'이라는 이름을 주셨습니다(창 17:15-22). 두 번째는 사가랴가 제사장의 직무를 수행할 때, 하나님의 사자가 나타나 아들을 낳을 것을 예언하시고 그 이름을 '요한'으로 부르라고 했습니다(눅 1:5-17). 세 번째는 천사 가브리엘이 마리아를 찾아와 아들을 낳을 것을 말한 뒤에 아기의 이름을 '예수'로 부르라고 했습니다(마 1:18-25; 눅 1:26-38). 이삭과 세례 요한뿐만 아니라 무엇보다 예수님이 얼마나 위대한 분이신지 우리는 잘 알고 있습니다. 그렇다면 하나님의 사자가 출생을 예언했던 삼손은 어떤 인물로 자라고 어떤 삶을 살게 될지 기대가 되지 않습니까?

그런데 삼손의 출생이 특별한 이유가 하나님의 사자를 통해서 예언을 받아 태어났다는 것만은 아닙니다. 하나님의 사자가 전한 말에 놀라운 사실이 담겨 있습니다. 하나님의 사자는 삼손이 '이스라엘의 구원에 쓰임 받는 사사'가 될 것이라고 말했습니다(참조, 삿 16:20; 17:31). 블레셋에게 괴롭힘을 당하며 하루하루 고통과 절망 가운데 살아가던 이스라엘 백성에게 삼손의 출생 소식은 가뭄에 내리는 단비와 같이 놀랍고도 기쁜 소식임이 분명했습니다. 하나님이 사사를 보내신다고 하셨으니 모든 고생이 끝나고 살맛 나는 세상이 되는 것은 이제 시간 문제였습니다.

보라 네가 임신하여 아들을 낳으리니 그의 머리 위에 삭도를 대지 말라 이 아이는 태에서 나옴으로부터 하나님께 바쳐진 나실인이 됨이라 그가 블레셋 사람의 손에서 이스라엘을 구원하기 시작하리라 _삿 13:5

한편 하나님의 사자가 전한 말에는 매우 흥미로운 사실도 담겨 있습니다. 하나님의 사자는 삼손이 이스라엘을 구원할 것이라는 사실보다 그가 나실인으로 태어날 것을 먼저 언급했습니다. 그리고 나실인으로 태어날 아이가 자라서 이스라엘을 블레셋에게서 구원하는 사명을 이룰 것이라고 말했습니다.

흥미로운 점이 또 하나 있습니다. 마노아 부부에게 두 번째로 나타난 하나님의 사자는 삼손의 사사 됨에 대해서 언급조차 하지 않았다는 점입니다. 오직 삼손이 나실인으로 태어날 것을 반복해서 강조할 뿐이었습니다.[38]

여호와의 사자가 마노아에게 이르되 내가 여인에게 말한 것들을 그가 다 삼가서 포도나무의 소산을 먹지 말며 포도주와 독주를 마시지 말며 어떤 부정한 것도 먹지 말고 내가 그에게 명령한 것은 다 지킬 것이니라 하니라 _삿 13:13-14

---

38 삼손이 사사가 될 것이라는 예언은 사사기 13:5에 한 번 등장하고, 삼손의 나실인 됨에 대해서는 세 번 언급되었습니다. 여호와의 사자가 두 번을 말했고, 마노아의 아내가 마노아에게 설명하면서 다시 한 번 언급했습니다(참조, 삿 13:3-5, 7, 13-14).

따라서 삼손이 나실인으로 태어난다는 사실은 삼손의 삶을 이해하는 데 결정적인 역할을 합니다. 사사로서의 삼손의 삶을 이해해야 하지만, 나실인으로서의 삼손을 이해하는 것이 보다 중요하고 선행되어야 합니다.

나실인 삼손

나실인 규율

"교회는 다녀도 미치지는 말아라!" 이런 말을 들어본 적 있습니까? 적당히 믿고 적당히 교회 생활하라는 세상의 충고(?)입니다. 그 적당함의 기준은 무엇일까요? 박사 과정 공부를 할 당시 미국 교회에 출석했는데, 교회에서 새 신자 교육을 받을 때의 일입니다. 한 달에 평균 몇 번 주일 예배를 드리는지 묻는 항목이 있었습니다. 당연히 4번 이상이라고 표시를 했습니다. 새 신자 교육을 담당하던 부목사님은 제가 목사인 것을 몰랐습니다. 그래서 제 대답을 보고는 매우 놀라며 "요즘 많은 교인들이 평균적으로 한 달에 한두 번은 주일 예배를 빠집니다"라고 말했습니다. 복음주의 교회 안에서도 주일 예배를 소홀히 여기는 모습이 점점 확산되고 있어서 안타까웠습니다.

개인마다 중요한 것의 기준은 다를 수 있습니다. 그러나 주일 예배는 성도가 지켜야 하는 마지노선입니다. 아무리 힘들고 어려운 일이 있어도 주일 예배를 포기해서는 안 됩니다. 어떤 사람들은 주일마다 예배를 열심히 드리는 사람을 향해 '예수쟁이'라고 비꼬아 부릅니다. '예수쟁이'라는 말은 예수님께 미친 사람이라는 의미로 그리스도인들을 낮잡아 부르는 말입니다. 그런데 예수님이 너무 좋아서 예수님 없이는 하루도 못 산다고 고백하는 그리스도인이라면, '예수쟁이'라는 말을 굳이 피할 필요가 있을까요? 하나님은 지금도 예수쟁이를 찾고 계시지 않습니까?

만약 구약에서 '예수쟁이' 같은 사람을 찾는다면, 그들은 아마도 나실인일 것입니다. 모든 이스라엘 백성이 나실인이 되는 것은 아니었습니다. 나실인은 평범한 이스라엘 백성의 삶에 만족하지 않고 자발적으로 하나님을 섬기기 위해서 서원한 사람들입니다. 하나님의 전을 섬기며 헌신하기 위해 스스로 서원 기간을 정했습니다(민 6:1-21). 나실인이 얼마나 헌신적인지, 열정을 가지고 얼마나 하나님을 섬기려고 했는지 충분히 짐작할 수 있습니다.

나실인은 스스로 정한 서원 기간 동안 세 가지 규율을 지켜야 했습니다. 첫 번째, 포도주와 독주를 멀리해야 했습니다(민 6:3-4). 두 번째, 자신의 머리에 칼을 대지 말아야 했습니다(민 6:5). 세 번째, 시체를 가까이 하지 말아야 했습니다(민 6:6-7).

만약 실수로라도 이 세 가지 나실인 서약 중에 하나라도 어기면, 그 사람은 정결 예식을 행하고 다시 나실인 서원을 해야 했습니다(민 6:9-12).

예를 들어, 나실인 곁에서 갑작스럽게 누군가가 죽었습니다. 당연히 의도하지 않았지만, 그는 시체를 가까이 하지 말라는 '부정'에 대한 규율을 어기게 된 것입니다. 이처럼 어떤 한 가지 규율이라도 어기면, 그때까지 나실인으로서 살았던 기간은 무효가 됩니다. 그래서 정결 예식을 행하고 칠일 째 되는 날에 머리를 밀고 하나님께 속건제를 드렸습니다. 그리고 다시 기간을 정해서 나실인의 서약을 새롭게 했습니다(민 6:9-12). 그리고 나실인으로 서원한 기간이 끝나면, 나실인은 일상생활로 돌아가서 예전처럼 살았습니다(민 6:20). 마치 오늘날 단기 선교나 장기 선교로 일정 기간을 헌신하고, 그 기간이 끝나면 자신의 일상생활로 돌아가는 것과 비슷하다고 볼 수 있습니다.

종신(終身) 나실인 삼손

[여호와의 사자]가 내게 이르기를 보라 네가 임신하여 아들을 낳으리니 이제 포도주와 독주를 마시지 말며 어떤 부정한 것도 먹지 말라 이 아이는 태에서부터 그가 죽는 날까지 하나님께 바쳐진 나실인이 됨이라 하더이다 하니라 _삿 13:7

얼마나 많은 이스라엘 백성이 나실인으로 서원하며 살았는지는 알 수 없습니다. 다만 나실인으로서 삼손에게는 매우 특별한 점이 있었습니다. 앞에서 설명한 것처럼 일반적으로 나실인은 스스로 서원 기간을 정했습니다. 그런데 삼손의 경우는 전혀 그렇지 않았습니다. 삼손은 스스로 나실인이 되겠다고 서원한 것이 아니라 하나님의 선택에 따라 나실인이 되었습니다. 그뿐만이 아니었습니다. 하나님의 사자는 마노아의 아내에게 삼손을 임신한 때부터 포도주와 독주를 마시지 말고 어떤 부정한 것도 먹지 말라고 했습니다(삿 13:4, 7).

원래 나실인 규율은 나실인으로 헌신한 사람만 지키면 됩니다. 부모나 형제가 함께 지키는 것이 아닙니다. 그럼에도 불구하고 하나님의 사자는 삼손의 어머니에게 나실인의 서원을 지킬 것을 요구했습니다. 그 이유는 삼손이 어머니 태에 있을 때부터 나실인으로 살도록 보호하기 위함이었습니다. 만약 마노아의 아내가 포도주나 독주를 마신다면 태에 있는 삼손도 포도주나 독주의 영향을 받게 됩니다. 또한 마노아의 아내가 부정한 음식을 먹는다면, 율법에 따라 그녀는 부정하게 됩니다. 자연스럽게 어머니의 태에 있는 삼손도 부정하게 됩니다.[39] 따라서 어머니의 태에서 삼손이 생명을 얻은 때부터 죽는 그 순간까지 나

---

39 율법에 따르면 부정한 사람과 접촉한 사람도 부정하게 됩니다. 따라서 삼손의 어머니가 부정하게 되면 태 안에 있는 삼손도 당연히 부정하게 됩니다(참조, 레 11:24-47; 민 19:11-13).

실인으로 흠 없이 살도록 하기 위해서 하나님은 철저하게 삼손을 보호하셨습니다. 따라서 삼손의 나실인 됨은 삼손의 시작과 끝이고, 삼손 자신이며, 삼손의 '정체성'입니다. 그래서 나실인으로서의 삼손을 이해하지 못하면 삼손을 통해 하나님이 우리에게 주신 말씀을 이해할 수 없습니다. 이처럼 삼손의 나실인 됨은 삼손을 이해하는 핵심 열쇠입니다.

그런데 삼손이 하나님께 종신 나실인으로 선택되었다는 사실은 하나님의 자녀인 우리에게 시사하는 바가 매우 큽니다. 삼손은 태어나기 전부터 하나님께 나실인으로 선택받았고 죽는 날까지 나실인으로서 살도록 보냄을 받았습니다. 동일하게 하나님이 창세전에 우리를 선택하셔서 자녀로 삼아 주셨고 우리의 생명이 다 하는 그날까지 하나님의 자녀로 살도록 이 땅에 보내셨습니다. 이 놀라운 감격을 사도 바울은 이렇게 고백하고 있습니다.

> 찬송하리로다 하나님 곧 우리 주 예수 그리스도의 아버지께서 그리스도 안에서 하늘에 속한 모든 신령한 복을 우리에게 주시되 곧 창세전에 그리스도 안에서 우리를 택하사 우리로 사랑 안에서 그 앞에 거룩하고 흠이 없게 하시려고 그 기쁘신 뜻대로 우리를 예정하사 예수 그리스도로 말미암아 자기의 아들들이 되게 하셨으니 _엡 1:3-5

삼손이 어머니 태에 존재하기도 전에 그를 구별하여 당신께 속한 나실인으로 세우신 하나님은 예수 그리스도로 말미암아 우리를 당신의 자녀로 삼으셨습니다. 이를 위해 창세전에 그리스도 안에서 우리를 택하셨습니다. 나실인으로 태어났고 죽을 때까지 나실인으로 살았기 때문에 삼손의 정체성이 나실인인 것처럼 우리의 정체성은 그리스도로 말미암아 '하나님의 자녀'가 되었습니다. 따라서 삼손이 나실인이라는 정체성을 가지고 살아야 했던 것처럼, 우리도 하나님의 자녀라는 정체성을 가지고 세상을 살아야 합니다.

마크 트웨인은 『왕자와 거지』에서 서로 뒤바뀐 인생을 살아가는 왕자와 거지의 모습을 그리고 있습니다. 소설 속에서 거지가 된 왕자는 배고프고 때로는 맞기도 하면서 어려움에 직면하지만, 다른 거지들과 다르게 행동했습니다. 비록 거지처럼 옷을 입었고 거지 취급을 당했지만, 언젠가 왕이 될 존재임을 알고 있는 왕자의 정체성 때문이었습니다. 이처럼 정체성은 인간의 삶과 방향을 결정하는 매우 중요한 역할을 합니다. 따라서 앞으로 삼손이 나실인이라는 정체성을 가지고 어떻게 살아가는지 살펴봐야 합니다.

사사 삼손

릭 워렌의 『목적이 이끄는 삶』(*The Purpose Driven Life*)은 하나님이 각 개인에게 주신 삶의 목적을 찾고 그 목적을 성취하며 살도록 많은 이들에게 도전을 주었습니다. 삼손에게는 하나님이 직접 주신 사명이 있었습니다. 블레셋에게 고통을 당하고 있는 이스라엘 백성을 구원하는 것이 삼손의 사명이었습니다. 나실인이 삼손의 정체성이라면, 사사로서 이스라엘을 구원하는 것은 하나님이 삼손에게 주신 사명이었습니다.

그런데 나실인이라는 정체성과 사사로서의 사명 사이에는 불편한 진실이 숨어 있습니다. 이를 이해하기 위해 사사의 역할을 먼저 살펴보겠습니다. '사사'의 어원적 의미는 '구원하다'(save), '통치하다'(rule), 그리고 '이끌다'(lead)입니다.[40] 이를 토대로 '사사'의 역할을 두 가지로 살펴보겠습니다.

구원자 사사

여호와께서 사사를 세우사 노략하는 자의 손에서 그들[이스라

---

40 McCann, *Judges*, 3-5. '사사'의 어원을 토대로 그 역할을 크게 세 가지로 나눌 수 있습니다. 첫째는 '구원한다'(save)는 의미이고, 둘째는 '통치한다'(rule)는 의미이고, 셋째는 '정의를 실행해서 하나님을 섬기게 한다'(establish justice to worship the LORD)는 의미로 볼 수 있습니다. 다만 둘째와 셋째는 평화의 시기에 시행되는 것이기 때문에 사사의 역할을 구원자와 통치자로 나눠서 살펴봅니다.

엘]을 건져 내게 하셨으나 _삿 2:16

사사의 가장 중요한 역할은 이스라엘을 원수로부터 구하는 것입니다. 이스라엘 백성들이 고통 가운데 힘겨워 하나님의 도움을 구할 때, 하나님은 그들에게 사사를 보내 주셨습니다. 그리고 사사를 통해서 원수를 물리치셨습니다. 따라서 사사로서 성공적인 삶은 원수로부터 이스라엘을 구원했는지 여부에 달려 있습니다.

통치자 사사

그 후에 길르앗 사람 야일이 일어나서 이십이 년 동안 이스라엘의 사사[led Israel]가 되니라 _삿 10:3

사사는 원수로부터 이스라엘을 구원한 뒤에 그들이 사는 날 동안 이스라엘을 다스렸습니다. 하지만 야일(삿 10:3-5), 입산(삿 12:8-10), 엘론(삿 12:11-12)과 압돈(삿 12:13-15)의 경우를 살펴보면, 원수로부터 이스라엘을 구했다는 설명은 없습니다. 다만 이들 사사들은 사는 날 동안 이스라엘을 이끌고 다스렸습니다. 따라서 이런 경우 사사를 '통치자' 또는 '지도자'의 개념으로 이해할 수 있습니다. 물론 기드온처럼 원수로부터 이스라엘을 구한 뒤에 이스라엘을 직접 다스리기도 했습니다. 그래서 구원자이면서 동시에 통치자로서 그 역할을 감당하기도 했습니다.

따라서 사사의 역할은 크게 둘로 나뉩니다. 첫째, 나라가 위급한 상황에서는 원수로부터 나라를 구하는 군 통수권자가 사사였습니다. 둘째, 나라가 평화로울 때는 백성들을 다스리고 이끄는 지도자가 사사였습니다. 따라서 블레셋에게 고통을 당하던 때에 태어난 삼손은 구원자로서 사사의 사명을 감당해야 했습니다.

태양으로 향하는 길

그 여인이 아들을 낳으매 그의 이름을 삼손이라 하니라 _삿 13:24

자녀의 출산이 다가오면 부모의 마음이 분주해집니다. 진통이 오면 즉시 병원에 갈 방법을 생각해 두어야 합니다. 태어날 아기를 위해 옷과 물건도 준비해야 하고 집안도 깨끗이 청소합니다. 무엇보다 태어날 아기의 이름을 지어야 합니다. 부모의 간절한 마음과 소원을 담아 좋은 이름을 짓습니다.

삼손의 이름은 무슨 의미일까요? 아들이 태어날 것을 미리 알려 주시면서 하나님이 직접 이름을 지어 주신 경우가 성경에 등장합니다. 하나님은 아브라함과 사라에게 아들을 주시면서 그 이름을 '이삭(웃음)'으로 부르라고 하셨습니다(창 17:19). 또 가브리엘 천사는 마리아에게 아들을 낳으면 구원자를 의미하는 '예수'로 부르라고 했습니다(눅 1:30-32). 삼손의 경우에는 하나님이 직접 그 이름을 지어 주셨는지 여부에 대해 언급되어 있지 않습니다. 다만 그의 어머니가 '삼손'이라고 불렀습니다(삿 13:24).[41] 하나님이 그 이름을 직접 지어 주셨는지는 정확히 알 수 없지만, '삼손'이라는 이름에는 놀라운 의미가 숨어 있습니다.

첫째, '삼손'이라는 이름은 '태양'이라는 히브리 단어에서 유래되었습니다.[42] 태양의 강한 이미지를 닮아서 삼손은 강한 사람을 연상시킵니다. 실제로 삼손은 초자연적인 힘을 가졌기 때문에 그 이름에 걸맞은 사람임에 틀림없습니다. 또한 태양처럼 강한 삼손이라면 블레셋의 손에서 이스라엘을 구해 낼 사사의 역할을 충분히 감당할 것이라고 기대할 수 있습니다.

둘째, 삼손의 이름은 벧세메스(Beth-Shemesh) 지역과 관련된 의미를 갖고 있습니다. 삼손이 살고 있던 마하네단은 벧세메스

---

41 하나님이 삼손이라는 이름을 주셨다는 직접적인 언급이 없기 때문에 이후로는 삼손의 부모님이 그 이름을 지은 것으로 설명합니다.

42 Matthew Henry, *Matthew Henry's Commentary on the Whole Bible*, New ed.(Pealbody, MA: Hendrickson, 2008), 283.

와 매우 가까웠습니다. 벧세메스는 삼손 당시에 유다의 영토였지만, 한때 태양 숭배에 앞장섰던 가나안 도시였습니다. 그래서 사람들은 이 지역을 벧세메스, 즉 '태양의 집'(the house of the sun)이라고 불렀습니다.[43] '태양'이라는 이름을 가진 삼손은 태양신을 섬기던 벧세메스와 대조가 됩니다. 벧세메스의 거짓 태양을 고발하고 우상 숭배로 칠흙같이 어두운 세상에 태양과 같은 빛으로 보냄을 받은 삼손! 사람들이 삼손의 이름을 부를 때마다 세상의 참 빛인 하나님께로 나오도록 소원하는 마음을 담아 부모님이 지어 준 이름이 아닐까!

예수님은 그리스도인을 '세상의 빛'으로 부르셨습니다(마 5:14-16). 빛이 어둠과 구별되듯이 세상의 빛으로 살아가는 그리스도인은 세상과 구별됩니다. 세상이라는 어둠 속에서 사람들은 빛을 보게 되고, 빛을 따라가야 어두움에서 빠져나올 수 있습니다. 그리고 빛이 궁극적으로 가리키는 하나님을 볼 수 있습니다. 이를 두고 예수님은 그리스도인의 선한 행실이 세상 사람들을 하나님께로 이끄는 빛의 역할을 한다고 말씀하셨습니다.

이같이 너희 빛이 사람 앞에 비치게 하여 그들로 너희 착한 행실을 보고 하늘에 계신 너희 아버지께 영광을 돌리게 하라 _마

---

43 Daniel I. Block, *Joshua, Judges, Ruth, 1 & 2 Samuel*, Zondervan Illustrated Bible Backgrounds Commentary(Grand Rapids: Zondervan, 2009), 115.

태양이라는 이름의 삼손은 사람들의 관심을 받게 될 것이고, 그 삶을 통해서 참 빛인 하나님을 가리키는 삶을 살도록 보냄을 받았습니다. 각자 자기가 하고 싶은 대로 살던 사사 시대에 삼손의 부모님은 삼손을 '태양'으로 부르며 이스라엘이 다시 하나님을 바라보며 살도록 기대하지 않았을까요?

하나님은 그리스도인에게 동일한 기대를 하고 계십니다. 영적으로 혼미한 이 땅에 참 빛으로 오신 예수님께로 가는 길을 비춰 줄 세상의 빛으로 우리를 부르셨습니다. 어둠에 있던 사람들이 마침내 하나님을 찾고 하나님께 영광을 돌릴 수 있도록 사는 것이 그리스도인의 사명임을 기억해야 합니다.

이 세상의 신이 믿지 아니하는 자들의 마음을 혼미하게 하여 그리스도의 영광의 복음의 광채가 비치지 못하게 함이니 그리스도는 하나님의 형상이니라 우리는 우리를 전파하는 것이 아니라 오직 그리스도 예수의 주 되신 것과 또 예수를 위하여 우리가 너희의 종 된 것을 전파함이라 어두운 데에 빛이 비치라 말씀하셨던 그 하나님께서 예수 그리스도의 얼굴에 있는 하나님의 영광을 아는 빛을 우리 마음에 비추셨느니라 _고후 4:4-6

세상은 여전히 어둠에 속해 있습니다. 사방이 캄캄하고 어두울 때, 그래서 어디로 가야 될지 몰라 여전히 어두움 가운데 방황하며 머무는 사람들, 즉 이 세상의 신이 만든 혼미한 세상에서 사는 사람들을 어두움에서 벗어나게 해야 합니다. 그 방법은 어두움에 그리스도의 빛을 비추는 것입니다. 예수 그리스도의 빛을 먼저 본 자가 빛 되신 예수 그리스도를 전할 때, 어두움에 속한 사람들을 하나님께로 인도할 수 있습니다. 먼저 그리스도인으로 부름을 받은 자의 사명이 바로 여기에 있습니다.

> 너희는 택하신 족속이요 왕 같은 제사장들이요 거룩한 나라요 그의 소유가 된 백성이니 이는 너희를 어두운 데서 불러내어 그의 기이한 빛에 들어가게 하신 이의 아름다운 덕을 선포하게 하려 하심이라 _벧전 2:9

하나님께 먼저 부름을 받고 세상으로 보냄을 받은 사람은 하나님의 소유된 백성으로서 하나님의 아름다운 덕을 선포하며 살아야 합니다. 그리스도인의 말과 행동은 세상에서 주목을 받을 수밖에 없습니다. 하나님께 속한 사람이기에 말과 행동이 세상 사람들과 구별되기 때문입니다. 세상은 자신과 다른 그리스도인들을 지켜봅니다. 물론 처음에는 적대시할 수 있습니다. 그러나 자신과 다른 그리스도인의 삶은 세상 사람들을 하나님께로 인도하는 등불이 됩니다. 이 사실을 기억하고 빛으로 세상에 보냄을 받은 삶을 살아야 합니다.

스터디 가이드

'거룩'이라는 말을 들으면 왠지 성경책을 옆에 끼고 다니며 기도를 많이 해서 목소리가 걸걸한 그리스도인의 모습이 떠오릅니다. 그런 분을 볼 때마다 기도도 많이 하고 말씀도 사모하는 분이라는 생각이 듭니다. 그러나 성경에서 말하는 '거룩'의 본래 의미는 '구별됨'입니다. 다시 말해, 거룩은 겉모양의 차이가 아니라 소속의 문제입니다. '세상에 속한 사람인가? 아니면 하나님께 속한 사람인가?' 하나님이 세상과 구별된 분이시기 때문에 거룩하신 것처럼, 그리스도인은 세상에 살지만 하나님께 속한 사람이기 때문에 거룩한 사람입니다. 그래서 하나님은 "내가 거룩하니 너희도 거룩하라"고 말씀하셨습니다(레 11:44-45; 19:1; 벧전 1:15-16).

1. 하나님의 사자가 마노아의 아내에게 나타나서 예언한 내용은 무엇입니까? (삿 13:3-7)

2. 하나님의 사자가 두 번째 나타나서 마노아 부부에게 예언한 내용은 첫 번째 예언과 어떻게 다릅니까? (삿 13:12-14)

3. 하나님의 사자는 삼손이 종신 나실인으로 태어날 것이라고 말했습니다. 삼손이 나실인으로서 지켜야 할 세 가지 규율은 무엇입니까? (민 6장)

4. 하나님의 사자는 왜 마노아의 아내에게 포도주와 독주를 마시지 말라고 했습니까? (삿 13:4)

5. 태어나기 전부터 죽을 때까지 나실인으로 선택된 삼손에게 나실인은 그의 정체성이었습니다. 이와 관련하여 그리스도인의 정체성은 무엇이며 삼손의 나실인 됨과 어떤 점에서 유사합니까?

제2부

나실인 삼손

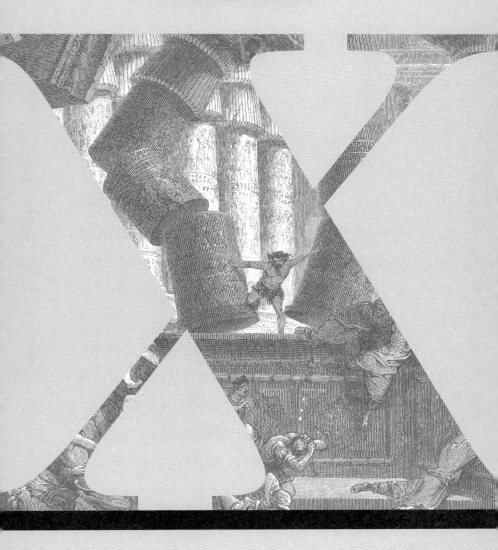

05
첫 번째 도전:
포도주의 유혹을 떨쳐라

삼손의 결혼

그 아이가 자라매 여호와께서 그에게 복을 주시더니 소라와 에
스다올 사이 마하네단에서 여호와의 영이 그를 움직이기 시작하
셨더라 _삿 13:24-25

활과 창이 날아다니고 군인들의 몸뚱이가 공중으로 날아오
르다가 땅에 처박히고 곳곳에서 비명 소리가 울려 퍼지는 피비
린내 나는 전쟁터 그 한가운데서 눈 하나 깜짝하지 않은 채 블
레셋을 무찌르는 용맹스런 삼손! 두려움에 집으로 돌아가려고
하는 군인들에게 "하나님의 영광을 위하여! 두려워 말며 담대히
싸워라! 하나님이 우리에게 승리를 허락하셨다"라며 이스라엘

군대를 독려할 삼손의 모습을 상상만 해도 온몸에 전율이 흐릅니다.

그러나 삼손 이야기는 전쟁이 아니라 블레셋 여인과의 국경을 초월한 사랑으로 시작합니다.

> 삼손이 딤나에 내려가서 거기서 블레셋 딸 중 한 여자를 보고 올라와서 자기 부모에게 말하여 이르되 내가 딤나에서 블레셋 사람의 딸들 중에서 한 여자를 보았사오니 이제 그를 맞이하여 내 아내로 삼게 하소서 하매 _삿 14:1-2

삼손이 딤나에 내려간 이유는 정확히 알 수 없습니다. 아마도 삼손이 살던 곳과 가까운 지역이었기 때문에 호기심으로 갔을지도 모릅니다. 삼손은 딤나에서 한 여인을 만났는데, 그녀는 너무 매력적이고 아름답게 보였습니다. 그래서 딤나 여인을 자신의 아내로 삼으려 했습니다. 물론 삼손의 부모님은 블레셋 여인과 결혼하려는 삼손을 책망하며 그의 계획을 반대했습니다.

> 그의 부모가 그에게 이르되 네 형제들의 딸들 중에나 내 백성 중에 어찌 여자가 없어서 네가 할례 받지 아니한 블레셋 사람에게 가서 아내를 맞으려 하느냐 _삿 14:3a

한창 혈기가 왕성했던 삼손이 아름다운 여인을 보고 사랑에 빠진 것은 문제가 아니었습니다. 이 여인이 이스라엘을 괴롭히는 블레셋 사람인 것이 문제였습니다. 모세는 이스라엘 백성에게 가나안 족속을 모두 죽이고 그들과 어떤 언약도 맺지 말고 결혼도 하지 말라고 명령했습니다. 그 이유는 오직 하나였습니다. 이스라엘 백성이 하나님만 온전히 섬기도록 하기 위함이었습니다.

> 네 하나님 여호와께서 그들을 네게 넘겨 네가 치게 하시리니 그 때에 너는 그들을 진멸할 것이라 그들과 어떤 언약도 하지 말 것이요 그들을 불쌍히 여기지도 말 것이며 그들과 혼인하지도 말 지니 네 딸을 그들의 아들에게 주지 말 것이요 그들의 딸로 네 며느리로 삼지 말 것은 그가 네 아들을 유혹하여 그가 여호와를 떠나고 다른 신들을 섬기게 하므로 여호와께서 너희에게 진노하사 갑자기 너희를 멸하실 것임이니라 _신 7:2-4

이스라엘 백성들이 가나안 족속과 결혼을 하지 말아야 한다면, 하나님께 나실인으로 구별된 삼손은 더욱더 블레셋 사람과 결혼을 해서는 안 됩니다. 그러나 하나님의 율법도, 부모님의 권면도 삼손의 고집을 꺾을 수는 없었습니다. 삼손은 더욱 강하게 자신의 감정과 의지를 드러냈습니다.

삼손이 그의 아버지에게 이르되 내가 그 여자를 좋아하오니 나
를 위하여 그 여자를 데려오소서 하니라 _삿 14:3b

여기에서 '좋아하다'(야사르)는 흔히 말하는 좋아하거나 사
랑하는 감정이 아닙니다. '옳다'(Right), '좋다'(Good), '매력적
인'(Attractive)이라는 의미로 사용됩니다.[44] 한글로 번역할 때 다
른 단어를 사용했지만, 사사기에서 반복되는 핵심 메시지에도
동일한 단어가 사용되었습니다.

그때에 이스라엘에 왕이 없으므로 사람이 각기 자기의 소견에
옳은 대로 행하였더라 _삿 21:25

딤나의 여인은 다른 어떤 여인보다 삼손에게 큰 만족을 주었
으며 이 여인과의 결혼은 삼손의 생각에 분명히 옳은 일이었습
니다. 삼손의 부모님은 이방 여인과의 결혼이 옳지 않은 것이라
고 생각했지만, 삼손은 딤나 여인을 자신에게 잘 어울리는 여자
로 생각했습니다. 그래서 딤나 여인과 결혼을 하려고 했습니다.
사사 시대 다른 사람들처럼 삼손도 자기 소견에 좋은 것을 좇아

---

44 이 구절에 사용된 '좋아하다'는 히브리어 단어 '야사르'인데, 일반적인 '좋아한다'는 의미가
아니라 '좋다'(Good) 또는 '옳다'(Right)의 의미로 쓰입니다. 사사기 14:7에서도 동일하게 사
용되고 있습니다. "그 여자가 삼손의 눈에 들었더라"(She was right in Samson's eyes). 참조,
Webb, *The Book of Judges*, 366.

살았습니다.

결혼을 일컬어 '백년가약'(百年佳約)을 맺는다고 말합니다. 백년 동안 함께하기로 한 아름다운 약속이라는 의미입니다. 그리고 이 약속을 지키며 나이가 들어서도 오래오래 함께 사는 것을 백년해로(百年偕老)한다고 말합니다. 결혼은 하나님의 창조 명령을 지키는 방법으로서 중요합니다. 그리고 평생 함께할 배우자를 만나는 것이기 때문에 더욱 신중하게 결정해야 합니다. 그러나 삼손에게 결혼은 자신의 눈에 매력적인 여인을 아내로 맞이해서 육체적인 만족을 얻는 것이었습니다. 그래서 블레셋 여인을 아내로 맞는 것이 삼손에게는 전혀 문제 되지 않았습니다.

그런데 한글 성경은 삼손이 이처럼 완강하게 블레셋 여인과 결혼하려는 이유를 삼손과 하나님의 계획으로 설명하고 있습니다.

> 그때에 블레셋 사람이 이스라엘을 다스린 까닭에 삼손이 틈을 타서 블레셋 사람을 치려 함이었으나 그의 부모는 이 일이 여호와께로부터 나온 것인 줄은 알지 못하였더라 _삿 14:4

삼손에 대한 많은 논쟁을 해결하기 위해서 이 구절을 좀 더 살펴봐야 합니다. 두 가지 관점에서 본문을 살펴보겠습니다.

첫째, 삼손이 사사로서 블레셋을 치려고 계획했기 때문에 율법을 어기면서까지 블레셋 여인과 결혼을 하려고 계획한 것으로 가정해 보겠습니다. 한글 성경은 이런 삼손의 계획이 궁극적으로 하나님으로부터 시작된 것이었다고 말하고 있습니다. 그런데 삼손의 부모님은 하나님의 큰 그림을 몰랐기 때문에 블레셋 여인과 결혼하려는 삼손을 반대할 수밖에 없었던 것으로 볼 수 있습니다. 만약 이런 설명이 사실이라면, 삼손은 사사로서 이스라엘을 구원하려는 사명을 완수하기 위해서 개인에게 가장 중요한 결혼마저도 희생하려는 사람임이 틀림없습니다. 그 어떤 사사보다 헌신된 사사이고 칭찬받아 마땅합니다.

둘째, 만약 한글 성경 번역에 문제가 있다면, 첫 번째로 설명한 내용과 완전히 다른 결론이 날 수 있습니다. 한글 성경에서 '삼손'으로 번역된 단어가 원어 성경에서는 '3인칭 남성 단수'로 표현되어 있습니다.[45] 가장 많이 읽히고 있는 영어 성경들은 이 구절을 '삼손'이 아니라 '하나님' 또는 '하나님이 한 행동'과 연결해서 번역을 하고 있습니다.[46] 이를 토대로 사사기 14장 4절을 번역하면 다음과 같습니다.

---

45 표준새번역과 쉬운성경은 3인칭 남성 대명사를 '삼손'이 아니라 '여호와'로 번역하고 있습니다. "삼손의 부모는 여호와께서 이 일을 계획하셨다는 것을 모르고 있었습니다. 여호와께서는 블레셋 사람들을 칠 기회를 찾고 계셨습니다. 그때, 이스라엘은 블레셋의 다스림을 받고 있었습니다"(삿 14:4, 쉬운성경).

46 KJV와 NASB는 3인칭 남성 단수 'he'를 하나님을 지시하는 대문자 'He'로 번역을 하고, ESV, NIV, NLT는 여호와가 한 행동으로 관계 대명사를 사용하여 번역을 하고 있습니다. "However, his father and mother did not know that it was of the LORD, for He was seeking an occasion against the Philistines. Now at that time the Philistines were ruling over Israel"(NASB).

그러나 그의 아버지와 어머니는 삼손이 블레셋 여인과 결혼하려
는 것이 기회를 엿보아서 블레셋 사람을 치려 했던 여호와께로
부터 나온 것인지를 몰랐습니다. 그때에 블레셋 사람이 이스라
엘을 다스리고 있었습니다.[47]

원어 성경을 바르게 번역하면, 삼손이 딤나 여인과 결혼하려
는 계획은 사사로서 하나님의 명령에 순종하기 위한 선택이 아
니었습니다. 또한 부모님에게 이방 여인과의 결혼을 강하게 밀
어붙이고 있는 삼손의 모습과 앞으로 전개되는 삼손의 삶을 전
체적으로 살펴보면, 첫 번째 견해에는 문제가 있습니다. 하나님
의 명령에 순종하려고 이방 여인과 결혼하려는 사사로 삼손을
이해하려는 시도는 본문의 의도를 잘못 이해한 것입니다.

오히려 블레셋 여인과 결혼하려는 삼손의 모습은 철없는 젊
은이의 불장난과 같은 것이었습니다. 삼손은 자신의 성품과
기질을 따라 어떻게 해서라도 블레셋 여인과 결혼하려고 했습
니다. 자기 마음에 드는 여인과 결혼하는 것이 삼손에게는 옳
은 것이었고 좋은 것이었습니다. 이로 말미암아 삼손을 통해
이스라엘을 구원하려는 하나님의 계획에 차질이 생길 수 있었
습니다.

---

47 히브리어 성경을 필자가 번역한 것입니다. 남침례신학교 구약학 Dr. Duane Garrett 교수도
필자와의 서신 교환에서 3인칭 남성 대명사는 삼손이 아니라 여호와로 번역하는 것이 맞다
며 필자의 의견에 동의했습니다.

그러나 하나님은 삼손의 잘못된 선택과 그에 따른 결과를 오히려 이스라엘에게 복이 되도록 만드셨습니다. 오히려 삼손의 어리석은 선택을 이용해서 블레셋을 치고 이스라엘을 구원하실 것을 계획하셨습니다. 이스라엘은 고통 가운데서도 하나님을 찾지 않았지만, 여전히 이스라엘을 사랑하시는 하나님의 은혜였습니다. 사도 바울은 이런 하나님의 은혜와 섭리를 로마서에서 잘 설명하고 있습니다.

> 우리가 알거니와 하나님을 사랑하는 자 곧 그의 뜻대로 부르심을 입은 자들에게는 모든 것이 합력하여 선을 이루느니라 _롬 8:28

바울의 권면은 우리가 때로는 실수를 하고 죄를 범해도 하나님은 모든 것을 선하게 되도록 만드신다는 말입니다. 그런데 이 말씀을 오해하는 경우가 많습니다. 예를 들어, 만약 어떤 사람이 어떤 죄를 저질러서 가정에 큰 어려움이 생겼는데, 가족 모두가 그 문제를 위해 기도하면서 방법을 찾다가 상황이 이전보다 더 좋게 바뀌었다고 생각해 보십시오. 그런데 그때 그 사람이 "하나님이 모든 것을 합력하여 선을 이루셨습니다. 나의 실수도 하나님의 은혜를 누리는 통로가 되었으니 이 또한 하나님의 크고 깊은 뜻 가운데서 일어난 일입니다. 그러니 더 이상

나의 실수는 실수가 아니고 하나님의 뜻입니다"라고 당당하게 말하는 것이 맞을까요? 결과적으로 하나님의 은혜를 누리게 되었다고 자신의 실수와 잘못을 합리화할 수 있을까요? 아닙니다. 그건 억지입니다.

오히려 부족한 자신의 잘못에도 불구하고 하나님이 은혜를 베풀어 주셔서 이 모든 것을 선하게 바꿔 주셨다고 고백하는 것이 맞습니다. 하나님의 은혜라는 말 외에는 할 말이 없다면서 자신의 잘못에 대해서 자복하고 회개하는 마음을 갖고 살아야 합니다. 아무리 결과가 선하게 바뀐다고 해도 우리가 잘못하고 실수한 것을 당연하게 여겨서는 안 됩니다. 우리의 죄악 된 본능과 잘못된 행동을 복이 되도록 바꿔서라도 하나님의 뜻과 계획을 이루시는 하나님의 은혜임을 깨닫고 고백하며 살아야 합니다. 삼손이 잘한 것이 아닙니다. 삼손은 실수했고 잘못된 선택을 했습니다. 그러나 하나님이 선하셔서 삼손의 잘못된 선택을 통해서도 이스라엘에게 은혜를 베풀어 주셨습니다.

포도주 한 잔의 유혹

곳곳에서 환호와 박수가 울려 퍼지고 간혹 고성이 오갔지만 웃음꽃이 끊이지 않았습니다. 흥겨운 음악에 맞춰 춤을 추는 사람들, 끊임없이 울려 퍼지는 음악 소리, 흥에 겨워 호탕하게 웃는 삼손의 목소리! 신부와 신랑 주변에는 언제나 사람들이 가득하고 그들은 향긋한 포도주와 진수성찬이 차려진 식탁에 둘러 앉아 얘기하고 또 얘기하며 흥에 겨워 시간 가는 줄도 몰랐습니다. 삼손의 결혼식을 떠올리며 한껏 상상의 나래를 펼쳐 봤습니다.

성경 고고학에 따르면, 삼손의 주요 활동 무대였던 소라와 딤나는 당시에 최상급 포도주로 유명한 곳이었습니다.[48] 누구나 좋은 포도주를 쉽게 마실 수 있었습니다. 이런 점에서 딤나는 삼손이 블레셋 여인을 만난 장소이면서 동시에 나실인이었던 삼손에게 포도주의 유혹이 컸던 곳이었습니다.[49] 삼손이 홀로 사자를 만난 곳 역시 딤나에 널려 있는 포도원 중 하나였다는 것도 이런 지리와 관련이 있을 것입니다.

블레셋의 결혼식은 칠 일 동안 먹고 마시고 즐기는 세속적인 축제로 알려져 있습니다.[50] 삼손이 블레셋 사람들의 풍속을 따라 혼인 잔치를 베푼 것으로 봐서 그 자리에 그 지역의 특산물인 포도주는 더더욱 빠질 수 없었을 것 같습니다. 블레셋 땅에서 블레셋 식으로 진행된 혼인 잔치에서 삼손이 포도주를 마셨

---

48 Lillian R. Klein, *The Triumph of Irony in The Book of Judges*, Bible and Literature Series, ed. David M. Gunn, vol. 14(Sheffield: Almond, 1988), 119.

49 McCann, *Judges*, 103.

50 Block, *Joshua, Judges, Ruth, 1 & 2 Samuel*, 196.

는지는 정확히 알 수 없습니다. 다만 삼손은 하나님의 율법을 어겨 가면서 블레셋 풍습을 따라서 블레셋 여인과 결혼식을 올렸습니다. 그렇다면 혼인 잔치의 흥을 돋우는 포도주와 독주를 마셨을 것으로 생각할 수 있습니다.[51] 한국에서도 회식 자리에 가면 주변의 압력이나 분위기에 떠밀려 억지로 술을 마시는 경우가 종종 있지 않습니까? 그런데 삼손이 주도한 혼인 잔치이기 때문에 자발적으로든 아니면 하객들의 강한 요청에 따라서든 삼손은 분명히 포도주와 독주를 마셨을 것입니다.

또한 삼손이 창녀와 하룻밤을 보냈던 가사와 들릴라가 살고 있던 소렉 골짜기 역시 최상급 포도주로 유명한 곳이었습니다.[52] 결혼식에 이어서 가사의 창녀와 하룻밤을 보내면서, 그리고 들릴라와 사랑을 속삭이던 곳에서 삼손은 포도주와 독주를 마시며 말 그대로 방탕한 삶을 살지 않았을까 충분히 생각해 볼 수 있습니다.

무엇보다 삼손 스스로 이방 문화를 접하며 블레셋의 것을 쉽게 받아들였습니다. 율법을 어겨 가면서 블레셋 여인과 결혼을 하려고 했던 삼손에게 또 하나의 이방 문화였던 포도주와 독주를 마시는 것 자체는 큰 문제가 되지 않았을 것으로 보입니다. 삼손은 세상과 구별되어 하나님께 속한 나실인으로 살아야 했

51 위의 책, 196.
52 Klein, The Triumph of Irony in *The Book of Judges*, 119.

지만, 그는 시작부터 스스로 나실인의 삶을 깨뜨리고 방향을 잃고 헤맸습니다. 이런 삼손의 삶은 세상에 살면서 세상과 구별되어야 하는 그리스도인에게 많은 과제를 남깁니다.

스터디 가이드

종신 나실인이었던 삼손에게 포도주와 독주를 마시지 않는 것과 부정한 시체를 만지지 않는 것과 머리털을 밀지 않는 것은 나실인으로서 지켜야 할 규율입니다. 동시에 삼손의 정체성에 관한 문제입니다. 그리스도인도 세상을 살면서 하나님의 자녀라는 정체성 때문에 많은 도전에 직면합니다. 정체성이 중요한 이유는 상황을 분별하고 판단할 때 그 사람의 행동 기준이나 근거가 되기 때문입니다.

1. 삼손이 딤나 여인과 결혼하려고 했던 이유가 무엇이었습니까?(삿 14:1-3)

2. 하나님은 나실인에게 왜 포도주와 독주를 멀리하라고 하셨는지 생각해 봅시다. 사도 바울은 "술 취하지 말라 이는 방탕한 것이니 오직 성령으로 충만함을 받으라"(엡 5:18)고 말했는데, 그리스도인의 삶과 나실인의 첫째 규율을 어떻게 이해하는 것이 성경적인지 나누어 봅시다.

3. 삼손은 블레셋 땅에서 블레셋의 전통에 따라 결혼식을 치렀습니다. 나실인으로서 포도주나 독주를 마시지 말아야 했던 삼손은 결혼식의 흥을 돋우기 위해서 자연스럽게 술에 취했던 것으로 보입니다. 세상의 문화를 주도해야 하는 그리스도인에게 삼손의 결혼식이 주는 교훈은 무엇인지 나누어 봅시다.

4. 삼손이 배우자를 선택했던 기준(삿 14:1-3)과 그의 결혼을 살펴보면서 결혼에 대해 그리스도인으로서 고려해야 할 것이 무엇인지 나누어 봅시다.

06
두 번째 도전:
부정한 것을 멀리하라

전쟁의 도화선이 된 수수께끼

"Wheel of Fortune"은 커다란 원판을 돌려서 퀴즈를 맞추는 TV쇼로 오랫동안 미국 사람들의 사랑을 받고 있습니다. 처음에 제시된 영어 철자 몇 개를 토대로 구절이나 문장을 맞추는 게임인데 정말 쉽지 않습니다. 2013년에 한 출연자가 주어진 'T, G'와 'R, T'로 한 번에 'Tough Workout'이라는 단어를 맞춰서 백만 달러를 상금으로 받아 화제가 되었습니다. 너무 놀라서 소름이 끼칠 정도였습니다.

삼손의 결혼식에 이보다 더 어려운 수수께끼가 등장했습니다. 삼손은 결혼식의 분위기를 한껏 고조시키기 위해 수수께끼를 냈습니다.

삼손이 그들에게 이르되 먹는 자에게서 먹는 것이 나오고 강한
자에게서 단 것이 나왔느니라 하니라 _삿 14:14

삼손은 딤나로 가는 길에 포도원 근처에서 젊은 사자를 만났
습니다. 사사기 저자가 굳이 '젊은 사자'라고 표현한 것으로 봐
서 아주 힘이 세고 포악한 사자였던 것 같습니다. 웬만한 사람
이라면 두려워서 도망치기 바빴을 텐데, 삼손은 염소 새끼를 찢
는 것처럼 사자를 찢어 죽였습니다. 얼마 뒤에 삼손은 딤나로
다시 가는 길에 자신이 죽인 사자가 궁금한 마음에 가던 길을
돌이켜 죽은 사자가 있던 곳으로 갔습니다. 그리고 사자의 주검
에 벌 떼와 꿀이 있는 것을 보고 손으로 그 꿀을 떠서 먹고 부모
에게도 드려서 먹게 하였습니다(삿 14:6-9).

삼손이 블레셋 사람들에게 낸 수수께끼는 자신의 개인 체험
을 통해서 얻은 것입니다. 따라서 삼손 외에는 어떤 사람도 풀
수 없는 수수께끼였습니다. 삼손은 신랑으로서 결혼식의 흥을
돋우어야 했는데, 도대체 무슨 생각으로 이런 수수께끼를 냈는
지 알 수는 없습니다. 다만 삼손의 수수께끼는 사람들을 골탕
먹이고 결혼식에 참석한 하객들을 곤란하게 만든 질문이 되어
버렸습니다. 블레셋 사람들은 아무리 생각해도 도저히 정답을
찾을 수 없었습니다. 그들은 졸지에 베옷과 겉옷을 빼앗길 처지
가 되자 삼손의 아내를 협박했습니다. 온 집안을 불태우겠다는

협박 때문에 삼손의 아내는 두려웠습니다. 기쁨을 한창 즐겨야 할 신부는 두려움으로 눈물을 흘리며 삼손에게 수수께끼의 답을 말해 달라고 강청했습니다. 기쁨과 행복에 들떠 있어도 모자랄 판에 삼손의 수수께끼 탓에 혼인 잔치에는 순식간에 협박과 눈물이 가득하게 되었습니다.

결국 삼손은 자신의 눈에 옳게 보이던 아내의 눈물에 마음이 흔들려 수수께끼의 정답을 말해 주었습니다. 물론 아내가 비밀을 지켜 주기를 기대했을 것입니다. 그러나 혼인 잔치 마지막 날, 블레셋 사람들이 삼손에게 큰 소리로 외쳤습니다.

무엇이 꿀보다 달겠으며 무엇이 사자보다 강하겠느냐 _삿 14:18

아무도 맞출 수 없는 수수께끼를 냈던 삼손과 그런 삼손에게 화가 나서 삼손의 아내를 협박해 정답을 맞춘 블레셋 사람들! 삼손은 어쩔 수 없이 에스글론으로 내려가서 그곳 사람들을 죽이고 옷을 빼앗아 수수께끼를 푼 자들에게 주었습니다. 그러나 삼손의 분노는 풀리지 않았습니다. 삼손은 그렇게 화가 난 상태로 혼자 자기 집으로 떠나 버렸습니다. 흥겹고 즐거웠던 혼인 잔치는 완전히 난장판이 되어 버렸습니다. 삼손은 부모님의 반대를 무릅쓰면서 자신의 눈에 좋아 보이던 블레셋 여인과 결혼했지만 전혀 생각지 못했던 상황을 맞았습니다. 그런데 이것이 끝이 아니었습니다. 오히려 더 큰 갈등과 전쟁이 기다리고 있었습니다.

삼손이 화가 나서 집으로 가 버리자 블레셋 장인은 자기 딸이 삼손에게 버림을 받았다고 생각했습니다. 그래서 자신의 딸, 즉 삼손의 아내를 다른 남자에게 보냈습니다(삿 14:19-20). 시간이 지나고 삼손은 마음이 진정되자 아내를 찾아왔습니다. 그러나 이미 블레셋 친구의 아내가 되어 버린 현실을 바꿀 수는 없었습니다. 삼손은 자신의 눈에 너무 좋았던 아내를 빼앗기자 더 크게 분노했습니다. 분노를 주체하지 못하고 블레셋의 곡식과 밭을 불태웠습니다.

사실 이 모든 사건의 책임은 아무도 맞출 수 없는 수수께끼를 내서 블레셋 사람들을 농락한 삼손에게 있습니다. 화가 나서 무작정 아버지 집으로 떠나 버린 삼손과 너무 성급하게 삼손의 아내를 다른 사람에게 보내 버린 장인에게 모든 사건의 책임이 있습니다. 그러나 삼손은 자신이나 장인을 탓하지 않고 블레셋 사람들에게 화살을 돌렸습니다. 그래서 블레셋 사람들의 밭을 불태웠습니다. 블레셋 사람들은 삼손의 돌발적인 행동에 화가 나서 삼손 대신 삼손의 아내와 장인을 불태워 죽였습니다. 이에 삼손은 더 크게 분노하며 더 많은 블레셋 사람들을 죽였습니다(삿 15:6-8).

삼손과 블레셋 사이에는 더 이상 돌이킬 수 없는 깊은 적대

감이 생겼습니다. 삼손은 복수에 복수를 이어 나갔습니다. 이제 삼손과 블레셋 어느 한쪽도 물러설 수 없는 전쟁이 본격적으로 시작되었습니다. 삼손이 의도한 것은 아니었지만, 삼손의 결혼을 기회로 삼아서 블레셋을 치려는 하나님의 계획이 본격적으로 드러나기 시작했습니다.

삼손은 수많은 블레셋 사람들을 죽이고 지쳐서 에담 바위 틈으로 몸을 숨겼습니다(삿 15:8). 그러나 블레셋 사람들도 삼손에게 잔뜩 화가 났기에 쉽게 물러나지 않았습니다. 블레셋은 군대를 동원해서 유다에 진을 치고 삼손과 전면전을 벌였습니다. 이때 놀라운 일이 일어났습니다. 유다 백성들이 블레셋 군대를 보고 겁에 질려 삼손을 잡아 블레셋에게 넘겨준 것입니다. 삼손과 함께 힘을 모아 블레셋을 물리치기는커녕 두려움 때문에 삼손을 밧줄에 묶어 블레셋에게 넘겨줬습니다. 이스라엘 백성에게는 두려움만 남아 있었습니다. 하나님이 없으니 소망을 가질 수 없어 절망과 두려움 속에서 살아가는 이스라엘 백성의 안타까운 모습을 단적으로 보여 주고 있습니다. 삼손은 도움을 받아야 할 동족에게 오히려 버림을 받아 밧줄에 묶인 채 블레셋의 손에 넘겨졌습니다. 삼손은 혈혈단신으로 블레셋 군대와 마주했습니다. 삼손을 잡기 위해 블레셋 군대가 점점 다가왔습니다. 삼손은 이제 이스라엘을 구원할 사사의 사명도 제대로 이루지 못한 채 블레셋에게 잡히게 되었습니다. 모든 것이 이렇게 끝나는 것 같았습니다. 유다의 3,000명도 두려워서 삼손을 잡아 넘기는 상황에서 더 이상 무엇을 기대할 수 있습니까?

그런데 블레셋 사람들이 승리의 함성을 지르며 삼손을 잡으려고 다가온 순간, 놀라운 일이 일어났습니다. 갑작스럽게 하나님의 영이 삼손에게 임했습니다.

> 삼손이 레히에 이르매 블레셋 사람들이 그에게 마주 나가며 소리 지를 때 여호와의 영이 삼손에게 갑자기 임하시매 그의 팔 위의 밧줄이 불탄 삼과 같이 그의 결박되었던 손에서 떨어진지라 _ 삿 15:14

하나님의 영이 임하자 삼손은 엄청난 괴력으로 자신을 묶고 있던 밧줄을 쉽게 끊었고, 나귀 턱뼈를 가지고 블레셋 군인 천 명을 죽였습니다. 그리고 승리의 노래를 힘껏 불렀습니다.

> 나귀의 턱뼈로 한 더미, 두 더미를 쌓았음이여 나귀의 턱뼈로 내가 천 명을 죽였도다 _삿 15:16

사사기 저자는 혈혈단신으로 블레셋 군대를 물리친 삼손을 이스라엘의 사사로 소개했습니다.

블레셋 사람의 때에 삼손이 이스라엘의 사사로 이십 년 동안 지

냈더라 _삿 15:2

삼손의 결혼으로부터 시작된 블레셋과의 갈등과 대결은 삼
손의 대승으로 끝났고 이 사건은 삼손이 이스라엘의 사사임을
확인시켜 주었습니다.

사사 삼손의 딜레마

이스라엘 역사에서 홀로 천 명의 적군을 물리친 사람은 삼손
이 유일했습니다. 그만큼 삼손은 독보적인 존재였습니다. 이쯤
되면 사사의 역할도 충분히 감당한 것처럼 볼 수 있습니다. 삼
손의 초자연적인 힘만 있다면 블레셋으로부터 이스라엘을 구하
는 것은 시간문제라는 기대가 더욱 커졌습니다.

그런데 어려운 문제가 있었습니다. 삼손은 사사였지만, 동시
에 시체와 같은 부정한 것을 만져서는 안 되는 나실인이었습니
다. 이스라엘 율법에 따르면 부정한 음식을 먹거나 시체와 같은
부정한 것에 접촉한 사람은 부정(unclean)하게 됩니다. 그래서 이
스라엘 백성에게 부정한 음식을 먹는 것과 시체 접촉을 율법으
로 금지했습니다(레11:8; 22:4; 민 9:6-10; 19:11-22). 예수님의 제

자인 베드로도 환상 가운데 부정한 짐승을 먹으라는 소리를 듣고 "주여 그럴 수 없나이다 속되고 깨끗하지 아니한 것을 내가 결코 먹지 아니하였나이다"(행 10:14)라고 말할 정도로 이스라엘 백성은 부정의 문제를 매우 심각하게 여겼습니다.

부정의 문제가 이처럼 중요한 이유는 거룩하신 하나님이 이스라엘 백성 가운데 거하시기 때문이었습니다. 그래서 누구든 부정하게 되면 이스라엘 백성 가운데 거할 수 없었습니다. 부정한 것이 없어질 때까지 이스라엘 진영 밖에 머물러야 했습니다.

> 누구든지 죽은 사람의 시체를 만지고 자신을 정결하게 하지 아니하는 자는 여호와의 성막을 더럽힘이라 그가 이스라엘에서 끊어질 것은 정결하게 하는 물을 그에게 뿌리지 아니하므로 깨끗하게 되지 못하고 그 부정함이 그대로 있음이니라 _민 19:13

그렇다면 하나님께 구별된 나실인은 어떻겠습니까? 당연히 부정의 규례를 지키기 위해서 더욱 힘을 쏟아야 했습니다. 나실인은 정한 기간 동안 시체를 만질 수 없었고 심지어 부모 형제의 장례식에도 참석하지 못할 정도로 부정하게 되는 것으로부터 자신을 철저하게 지켜야 했습니다(민 6:7). 그래서 하나님은 나실인 삼손을 어머니의 태에서부터 부정하게 되지 않도록 철저하게 지키셨습니다.

그런 삼손이 딤나에 도착해서 젊은 사자를 맨손으로 죽였습니다(삿 14:5-6). 만약 사자를 죽이지 않았다면 삼손이 죽었을지도 모릅니다. 문제는 사자를 죽이는 순간 삼손은 사자의 시체를 만진 것이고 이는 곧 삼손이 부정하게 된다는 것입니다. 그리고 얼마 뒤에 죽은 사자의 몸속에 있는 꿀을 손으로 취하여 먹기까지 했는데, 그는 부정한 음식을 먹지 말라는 명령을 다시 범했습니다. 그뿐만이 아닙니다. 수수께끼를 맞춘 사람들에게 겉옷을 주기 위해 삼손은 블레셋 사람들을 죽였고, 장인과 아내의 복수를 위해 수많은 사람들을 죽였습니다. 심지어는 나귀 턱뼈로 천 명이나 되는 블레셋 사람들도 죽였습니다.

블레셋 사람들에게 억압을 받고 있는 이스라엘 백성에게는 희소식이라고 생각할 수 있습니다. 삼손도 사사로서 이스라엘을 구원하기 위해 보냄을 받았기 때문에 블레셋 사람들을 죽인 것 자체가 문제 될 수 없습니다. 그러나 삼손은 종신 나실인이었기 때문에 그가 사람을 죽인 것은 큰 문제가 될 수밖에 없습니다. 부정에 대한 규율을 반복해서 어겼기 때문입니다.

이처럼 삼손이 시체를 가까이 했다면, 정결 예식을 행하고 칠 일째 되는 날에 자신의 머리를 밀고 새롭게 나실인의 서원을 해야 했습니다(민 6:9-12). 그런데 삼손은 태어나서 한 번도 삭도를 대지 않은 긴 머리털이 자신이 가지고 있던 힘의 근원이라고 생각했습니다. 후에 들릴라가 삼손의 긴 머리털을 자르자 삼손의 힘은 사라지고 삼손은 평범한 사람이 되었습니다(삿 16:18-19).

'사사'로서 삼손이 해야 하는 일과 '종신 나실인'으로서 삼손이 지켜야 하는 삶의 모습 사이에는 좀처럼 합의점을 찾기 어려운 딜레마가 있습니다. 만약 삼손이 나실인의 규율을 잘 지키기 위해 블레셋 사람들을 죽이지 않았다면, 사사로서 제한적인 역할만 수행할 수밖에 없게 됩니다. 반대로 블레셋 사람들을 죽여서 시체를 만진 것으로 말미암아 부정하게 되면 삼손은 자신의 힘의 근원인 긴 머리털을 스스로 잘라야 했습니다(민 6:9). 다시 말해 그의 부정함은 힘의 근원이 제거되는 결과를 낳게 됩니다. 정결 예식을 지키기 위해 머리털을 자른 것 때문에 평범한 사람이 된다면, 삼손은 사사로서 사명을 감당하는 데 큰 어려움을 겪을 수 있습니다. 상황이 이렇다 보니 나실인으로 사는 것과 이스라엘을 구원할 사사의 사명은 서로 모순된 것처럼 보입니다.

기독교에 매우 배타적인 한 사람이 나실인이며 동시에 사사인 삼손을 이 땅에 보내신 하나님은 모순투성이라고 비판을 했습니다. 그의 눈에는 금욕과 평화를 상징하는 나실인이 전쟁과 권력을 상징하는 사사로 보냄을 받았으니, 삼손을 이 땅에 보내신 하나님이 모순투성이 신으로 보였던 것 같습니다. 그러나 이런 비판은 하나님의 깊고 놀라운 계획을 알지 못하는 인간이 가질 수밖에 없는 인식의 한계를 드러낼 뿐입니다. 유한한 인간의 수준에서 하나님의 크고 놀라운 계획을 이해할 수 없으니 그저 모순이라는 말 외에는 달리 표현할 방법이 없는 것입니다.

나실인이며 사사인 삼손을 이 땅에 보내신 하나님이 모순투성이라는 주장이 성립되기 위해서는 중요한 전제가 필요합니다. 인간이 하나님보다 인지 능력이나 지각이 뛰어나서 하나님의 모순 됨을 증명할 수 있어야 합니다. 하나님의 계획을 정확히 알고 있고 그 계획이 가진 모순을 밝혀 낼 수 있으면 하나님은 모순투성이라고 말할 수 있습니다. 그러나 욥과 바울의 고백처럼 하나님의 크고 깊은 뜻을 알 수 있는 인간은 없습니다.

> 무지한 말로 이치를 가리는 자가 누구니이까 나는 깨닫지도 못
> 한 일을 말하였고 스스로 알 수도 없고 헤아리기도 어려운 일을
> 말하였나이다 _욥 42:3

> 깊도다 하나님의 지혜와 지식의 풍성함이여, 그의 판단은 헤아
> 리지 못할 것이며 그의 길은 찾지 못할 것이로다 _롬 11:33

하나님이 모순된다는 인간의 주장은 말 그대로 자신의 어리석음과 인식의 한계를 드러낼 뿐입니다. 따라서 하나님이 모순된 분이 아니라면, 종신 나실인이며 동시에 사사로 살아야 했던

삼손이 갖고 있던 딜레마는 오히려 삼손을 이해하는 중요한 열쇠가 됩니다. 나실인이며 동시에 사사의 사명을 감당해야 했던 삼손을 통해서 하나님이 계획하시고 기대하신 것이 있었습니다. 이것을 밝혀 내야 삼손을 제대로 이해할 수 있습니다.

스터디 가이드

이스라엘에게는 "부정"과 관련한 율법이 있습니다. 하나님이 이스라엘과 함께 거하시기 때문에 이스라엘 백성 중에 부정한 사람은 이스라엘 진 밖에 머물다가 부정한 이유가 사라지면 이스라엘 진 안으로 들어올 수 있었습니다. 부정한 사람이 진 안으로 들어오면 거룩하고 정하신 하나님과 부딪치기 때문입니다. 따라서 하나님께 구별되어 헌신했던 나실인은 부정한 것을 멀리해야 했습니다. 이는 사사 삼손에게 큰 걸림돌이 될 수 있는 문제였습니다.

1. 삼손은 왜 결혼식에 온 하객들에게 수수께끼를 냈습니까?

2. 수수께끼로 시작된 갈등은 삼손이 블레셋 사람들을 죽이는 결과로 이어졌습니다. 이 결과는 나실인으로서 부정한 것을 만지지 말아야 하는 사사 삼손에게 어떤 영향을 미쳤습니까?

3. 삼손은 나실인으로서 "부정한 것을 만지지 말라"는 규율을 어떻게 생각 했는지 그의 삶을 토대로 나누어 봅시다.

4. 하나님은 베드로에게 부정한 짐승에 대한 환상을 보여 주시면서 부정 또 는 깨끗함에 대해 새롭게 접근하도록 하셨습니다(행 10:9-16). 그렇다면 오늘날 그리스도인은 부정에 대한 율법을 어떻게 이해하고 복음 전파에 적용해야 할지를 나누어 봅시다.

07
세 번째 도전: 머리털을 지켜라

방황하는 삼손

"호외요, 호외!" 블레셋 가사 땅에 삼손이 나타났습니다. 눈에 불을 켜고 삼손을 찾던 블레셋 사람들의 시선에서 삼손은 벗어날 수가 없었습니다. 삼손은 조용히 왔다가 볼일만 보고 아무도 모르게 떠나려 했지만, 삼손의 계획은 완전히 틀어졌습니다. 삼손이 나타났다는 소식은 순식간에 가사에 퍼졌습니다. 잡기만 하면 출세 길이 보장된 지명 수배자 삼손이 제 발로 가사에 들어왔습니다. 블레셋 전군에 비상 경계령이 내려지고 사람들이 삼손의 뒤를 조심스럽게 따라갔습니다. 그리고 마침내 삼손이 머문 곳을 확인했습니다. '가사의 창녀 집!'

딤나의 아내를 죽인 블레셋 사람들에게 복수를 했지만, 그렇다고 죽은 아내가 돌아올 수 있는 것은 아니었습니다. 시작도 제대로 해 보지 못하고 사라져 버린 사랑에 대한 그리움 때문이었을까요? 아니면 아직 한창 젊은 나이에 쾌락을 찾아 헤맸던 것일까요? 어느 날 삼손은 가사의 창녀를 찾아왔습니다(삿 16:1-3).

고대 매춘은 두 가지 형태로 널리 행해졌던 악습이었습니다. 신전에서 제사를 돕는 '신전 창녀'와 매춘에 종사하는 '창녀'가 있었습니다. 삼손이 찾아간 가사의 창녀는 남성들의 성적 쾌락을 위해 몸을 파는 여자였습니다.[53] 하나님은 이스라엘 백성이 창녀와 관계하지 말아야 할 뿐만 아니라 이스라엘 중에 창녀는 없어야 한다고 강하게 경고하셨습니다(레 19:29; 신 23:17-18). 특별히 하나님께 구별된 제사장은 절대로 창녀와 결혼할 수 없었습니다(레 21:6-15). 하물며 하나님께 구별된 나실인이었던 삼손, 그것도 종신 나실인으로 하나님이 직접 선택하신 삼손이 창녀를 가까이했다는 것은 말 그대로 충격적인 사건입니다. 블레셋 여인과 결혼한 것도 모자라서 또 블레셋 여인, 그것도 창녀를 찾은 삼손! 오로지 육체적인 쾌락을 추구하는 성적 욕망에 사로잡혀 있는 삼손의 모습이 너무 안타까울 뿐입니다.

게다가 충격적이게도 창녀와 하룻밤을 보내기 위해 찾아간 가사는 지중해 연안에 있는 블레셋의 중심 도시였습니다. 삼손

---

53 Butler, *Judges*, 346.

이 살던 곳과는 상당히 멀리 떨어져 있었습니다. 삼손은 성적 욕망을 해소하기 위해서 창녀를 찾아 그 먼 곳을 무모할 정도로 그리고 대책 없이 찾았습니다.

초자연적인 힘

천재일우(千載一遇), 하늘이 준 기회! 드디어 다곤 신이 원수 삼손을 제거할 수 있는 굉장한 기회를 줬다며 블레셋은 크게 기뻐했습니다. 눈엣가시 같았던 삼손의 최후도 이제 얼마 남지 않았습니다. 삼손만 잡으면 모든 것은 끝나는 것이었습니다.

그래도 일은 신중하게 해야 하는 법! 레히에서 나귀 턱뼈로 천 명을 죽였던 삼손이었기에 일대일로 싸워서는 삼손을 이길 수 없다고 생각했습니다. 삼손이 들어간 창녀의 집을 몇 겹으로 에워싸고 성문에 군사들을 매복시켰습니다. 그리고 가장 좋은 기회를 잡기 위해 기회를 엿봤습니다. 삼손이 창녀와 잠자리에 들면 새벽에 급습하기 위해 최고의 시나리오를 짰습니다. 이제 삼손이 잠들기만 기다리면 모든 것은 끝납니다.

그런데 마음 졸이며 명령만 기다리던 블레셋 군인들 앞에 갑자기 삼손이 나타났습니다. 몇 겹으로 에워싼 군인들을 집어 던지는가 싶더니, 어느 새 성 문짝들과 두 문설주와 문빗장을 빼내어 헤브론을 향해 걸어갔습니다. 유다의 헤브론은 가사에서 64km 떨어진 해발 914m에 위치한 곳임에도 불구하고, 삼손은 수백 킬로그램은 족히 될 그 무거운 것들을 어깨에 메고 그 먼 거리를 산을 오르듯 걸어갔습니다.[54]

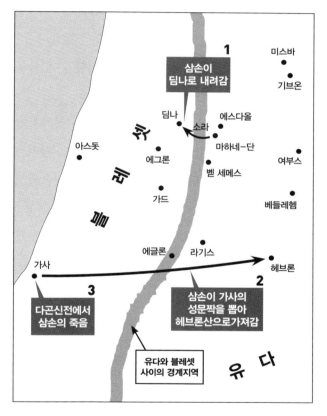

〈지도 4. 가사에서 헤브론〉

---

54 Victor H. Matthews, *Judges and Ruth*, NCB(Cambridge: Cambridge UP, 2004), 156. 참고, *ESV Study Bible*, 465.

삼손이 보통 사람과 다르다는 것은 익히 알고 있었지만, 눈 앞에 드러난 삼손의 모습은 실제로 보면서도 믿기 힘들 정도였습니다. 블레셋 사람들은 혼비백산이 되었습니다.[55] 이제 삼손은 그냥 두려운 정도가 아니라, 삼손의 존재 자체가 블레셋 사람들을 극심한 불안과 공포로 몰아넣었습니다. 누가 이런 무시무시한 힘을 가지고 있는 삼손을 제거할 수 있겠습니까? 아무리 많은 군대를 동원한다고 해도 삼손을 제거할 수 없음을 처절하게 인정해야만 했습니다.

3절밖에 되지 않는 가사 창녀 이야기는 삼손 이야기에서 새로운 전환점이 되었습니다. 이 사건 덕분에 삼손을 제거하기 위한 블레셋의 전술에 중대한 변화가 생겼습니다. 삼손에게 있는 힘의 근원을 제거하지 않는다면, 아무리 많은 군대를 동원하고 수단과 방법을 가리지 않는다고 해도 삼손을 잡을 수조차 없음을 알게 되었습니다. '누가 고양이 목에 방울을 달 것인가?' 블레셋의 고민은 더욱 깊어졌습니다.

---

55 Gregory Mobley, *The Empty Men: The Heroic Tradition of Ancient Israel*, The Anchor Bible Reference Library, ed. David Noel Freedman(New York: Doubleday, 2005), 195.

삼손의 사랑, 들릴라(Delilah)

밤의 여인, 들릴라

삼손의 세 번째 여인, 소렉 골짜기에 사는 들릴라! 삼손의 이야기에는 네 명의 여인이 등장합니다. 삼손의 어머니, 삼손의 아내였던 딤나의 여인, 가사의 창녀와 소렉 골짜기에 사는 들릴라입니다. 삼손의 어머니는 삼손의 출생에 굉장한 역할을 했고, 딤나의 여인은 삼손의 아내인데 블레셋과의 전쟁에서 도화선이 되었습니다. 그럼에도 불구하고 삼손의 어머니와 딤나의 여인은 이름조차 언급되지 않는 반면, 들릴라는 이름만 6번이나 언급되었다는 점이 무척 흥미롭습니다.[56] 더욱 흥미로운 점은 '삼손'과 '들릴라'라는 이름의 상관관계입니다. '매달린 머리', '열애가', 또는 '농탕치는'이라는 의미가 있는 들릴라의 이름은 성적 탐닉에 빠져 이방 여인을 찾아다니던 삼손의 삶을 은유적으로 그러나 적나라하게 보여 줍니다.[57]

또한 들릴라의 이름에는 '밤'이라는 의미도 있는데, 삼손의 이름에는 밤과 대립되는 '태양'이라는 의미가 있습니다.[58] 따라

---

56 히브리어 성경에서 들릴라의 이름은 6번 언급되고 한글 성경에서는 10번이나 언급됩니다. 마노아의 이름이 삼손의 출생과 가족 배경을 소개하기 위해 언급된 것으로 본다면, 결국 삼손과 들릴라가 삼손 내러티브의 주인공인 셈입니다.

57 '들릴라'의 히브리어 어원에는 '매달린 머리', '열애가', 또는 '농탕치는'이라는 의미가 있습니다. Mobley, *The Empty Men: The Heroic Tradition of Ancient Israel*, 191.

58 Block, *Joshua, Judges, Ruth, 1 & 2 Samuel*, 200; Webb, *The Book of Judges*, 398.

서 삼손과 들릴라는 서로에게 위협적인 존재이고 물과 기름같이 섞일 수 없는 관계임을 암시하고 있습니다. 삼손의 결말을 모르는 독자가 삼손 이야기를 읽었다면, 태양을 상징하는 삼손과 밤의 여인인 들릴라의 만남이 앞으로 어떻게 전개가 될지 마음을 졸이면서 읽어 내려 갈 것 같습니다.

사랑에 웃고 사랑에 울다

육체의 쾌락을 갈망하며 블레셋 여인과 결혼했고, 가사의 창녀와 잠시 쾌락을 나누기 위해 무모한 행동을 했던 삼손에게 들릴라는 어떤 여인이었을까요? 삼손은 부모님에게 딤나의 여인을 '자기 보기에 좋은 여자'(She is right in my eyes)라고 소개했습니다. 그녀의 육체적인 매력에 끌렸기 때문에 누가 뭐라고 말해도, 이 여인을 자신의 아내로 삼는 것이 맞다고 생각했습니다. 흥미롭게도 삼손은 아내에 대해 말할 때 사랑과 같은 감정을 표현하지 않고 자기 취향에 맞는 여자라고 말했습니다. 그러나 들릴라에 대한 마음은 완전히 달랐습니다.

삼손이 소렉 골짜기의 들릴라라 이름하는 여인을 사랑하매 _삿 16:4

삼손은 이전까지 육체의 만족을 추구했지만, 이제는 한몸을 이루며 살고 싶어졌습니다. 더 깊은 관계로 나아가고 싶었습니다. 이 여인이 바로 들릴라였습니다. 잠시 스쳐 지나가는 인연이 아니었습니다. 삼손은 들릴라와 영원히 함께하고 싶었고 진심으로 그녀를 사랑했습니다.

이처럼 삼손이 들릴라를 사랑하고 있다는 소문은 사람들의 입에서 입으로 전해졌습니다. 그리고 마침내 이 소문은 블레셋 방백들의 귀에까지 들어갔습니다. 고양이 목에 방울을 달려고 하는 쥐들처럼, 아무도 삼손을 제거할 수 없어 답답해하던 블레셋! 이제 삼손이 가지고 있던 힘의 비밀을 알아낼 수 있는 유일한 사람, 삼손이 진심으로 사랑했던 들릴라가 나타났습니다.[59] 다곤 신이 삼손을 제거할 마지막 기회를 줬다고 생각한 블레셋 방백들은 들릴라에게 거절하기 힘들 정도로 놀라운 제안을 했습니다.

> 블레셋 사람의 방백들이 그 여인에게 올라가서 그에게 이르되 삼손을 꾀어서 무엇으로 말미암아 그 큰 힘이 생기는지 그리고 우리가 어떻게 하면 능히 그를 결박하여 굴복하게 할 수 있는지 알아보라 그리하면 우리가 각각 은 천백 개씩을 네게 주리라 _삿 16:5

---

59 Webb, *The Book of Judges*, 404.

블레셋 방백의 수대로 은 천백 개씩! 한 사람이 대략 550년
간 일해야 받을 수 있는 금액이라고 하니 들릴라의 마음은 심하
게 흔들렸고 거절하기 어려웠습니다.[60] 무슨 수를 써서라도 삼
손의 힘의 근원을 찾아 제거하려 했던 블레셋과 삼손을 사랑했
지만 굴러들어 온 부귀영화를 놓치고 싶지 않았던 들릴라가 손
을 잡았습니다. 들릴라는 삼손의 힘의 근원을 알아내기 위해 본
격적인 작업에 들어갔습니다.

들릴라가 삼손에게 말하되 청하건대 당신의 큰 힘이 무엇으로
말미암아 생기며 어떻게 하면 능히 당신을 결박하여 굴복하게
할 수 있을는지 내게 말하라 _삿 16:6

들릴라는 앵무새처럼 블레셋 방백들의 말을 정확하게 반복
재생했습니다. 삼손은 들릴라를 진심으로 사랑했기에 그녀가
블레셋의 사주를 받았을 것이라 꿈에도 생각하지 못했습니다.
오히려 들릴라의 이런 집요한 요청을 사랑 행위라고 생각했습
니다. 가장 중요하면서도 위험한 비밀을 알고 싶어 하는 들릴라
의 모습이 자신을 향한 사랑이라고 오해했습니다.[61] 흔히 사랑

---

60 Block, *Joshua, Judges, Ruth, 1 & 2 Samuel*, 200; 트렌트 버틀러, 『WBC 성경 주석: 사사기』,
조호진 역(서울: 솔로몬, 2011), 815. 참고, Younger, *Judges and Ruth*, 316.
61 Webb, *The Book of Judges*, 401.

하는 남녀가 서로의 비밀을 알게 될 때 둘의 관계는 이전과 다른 특별한 관계로 발전하게 됩니다. 안타깝게도 삼손은 들릴라의 질문에 숨겨진 죽음의 그림자를 보지 못했습니다. 그저 사랑하는 사람의 모든 것을 알고 싶어 하는 여인의 사랑이라고 생각했습니다.

삼손은 떼를 쓰기도 하고 울기도 하고 웃으며 애교를 부리기도 하던 들릴라의 모습을 보고 그 질문에 답하지 않을 수 없었습니다. 그래서 삼손은 어떻게 해서든 들릴라의 마음을 상하지 않게 하면서 곤란한 상황을 모면해 보려고 거짓으로 답을 했습니다. 삼손은 마르지 아니한 새 활줄 일곱으로 자신을 결박하면 힘이 없어진다고 말했습니다(삿 16:7). 그 다음은 새 밧줄로 자신을 결박하면 힘이 없어진다고 말했습니다(삿 16:11). 그리고 마지막으로 자신의 머리털 일곱 가닥을 베틀의 날실에 섞어 짜면 자신의 초자연적인 힘이 없어진다고 말했습니다(삿 16:13).

들릴라는 삼손의 말대로 그의 힘을 없애기 위해 시도했습니다. 삼손의 힘이 없어져야만 돈을 받을 수 있었기 때문입니다. 하지만 삼손의 말은 세 번이나 거짓으로 드러났습니다. 그래도 들릴라는 포기하지 않았습니다. 삼손에게 자신을 향한 '사랑'을 증명하라며 더욱 애원하고 날마다 더 적극적으로 매달렸습니다. 들릴라를 진심으로 사랑했던 삼손의 마음이 타들어 갔습니다.

들릴라가 삼손에게 이르되 당신의 마음이 내게 있지 아니하면서 당신이 어찌 나를 사랑한다 하느냐 당신이 이로써 세 번이나 나를 희롱하고 당신의 큰 힘이 무엇으로 말미암아 생기는지를 내게 말하지 아니하였도다 하며 날마다 그 말로 그를 재촉하여 조르매 삼손의 마음이 번뇌하여 죽을 지경이라 _삿 16:15-16

사랑하는 여인에게 세 번이나 거짓말을 해서라도 지키고 싶었던 힘의 비밀과 그럼에도 불구하고 애원하는 들릴라를 향한 사랑 사이에서 삼손은 크게 갈등하기 시작했습니다. 결국 삼손은 사랑을 선택했습니다. 삼손은 자신의 머리털에 담겨 있는 비밀을 털어놓으며 들릴라를 향한 자신의 사랑이 진심이었음을 증명했습니다.

삼손이 진심을 드러내어 그에게 이르되 내 머리 위에는 삭도를 대지 아니하였나니 이는 내가 모태에서부터 하나님의 나실인이 되었음이라 만일 내 머리가 밀리면 내 힘이 내게서 떠나고 나는 약해져서 다른 사람과 같으리라 _삿 16:17

삼손은 사랑에 완전히 눈이 멀었습니다. 삼손이 거짓으로 힘의 비밀을 말할 때마다 들릴라는 그가 말해 준 대로 따라하며 힘의 근원을 제거하려고 했습니다. 한 번이 아니었습니다. 들릴라는 세 번씩이나 삼손이 갖고 있던 힘의 근원을 제거하려 했습니다. 삼손은 이것을 보며 들릴라에게 솔직히 힘의 비밀을 털어놓을 때, 들릴라가 실수로라도 자신의 머리털을 자를 수 있음을 생각해야 했습니다.

그러나 사랑은 삼손의 눈을 가려 진실을 보지 못하게 하고 그의 생각을 마비시켜 분별력을 잃게 만들었습니다. 들릴라가 세 번씩이나 자신의 힘의 근원을 제거하려고 한 것을 봤으면서도 그녀가 자신의 힘의 근원을 정말로 제거하리라고는 의심하지 않았습니다. 그리고 마침내 자신의 머리털에 숨겨진 비밀을 털어놓았습니다.

들릴라는 삼손이 자신을 얼마나 사랑하는지 이미 알고 있었습니다. 비록 세 번이나 자신을 속여서 일확천금을 놓칠 수 있다는 조급한 마음이 들기는 했지만, 삼손의 사랑을 의심하지는 않았습니다. 들릴라 역시 그런 삼손이 싫지는 않았을 것으로 생각합니다. 어쩌면 들릴라도 삼손을 사랑했을지 모릅니다. 그러나 들릴라는 사랑보다는 돈이 보장하는 풍요로운 삶을 선택했습니다. 들릴라는 삼손의 사랑을 뿌리치고 사람을 불러 그의 머리털을 자르게 한 후 자신의 길을 갔습니다.

들릴라가 삼손에게 자기 무릎을 베고 자게 하고 사람을 불러 그의 머리털 일곱 가닥을 밀고 괴롭게 하여 본즉 그의 힘이 없어졌

더라 _삿 16:19

마침내 '매달린 머리'라는 뜻의 이름을 가진 들릴라는 삼손이 자신의 무릎을 베고 사랑에 취해 잠들어 있는 동안 사람을 불러 그의 머리털을 단숨에 자르게 했습니다. 그로 말미암아 하나님이 삼손을 떠나셨고, 삼손은 보통 사람이 되었습니다.

들릴라가 이르되 삼손이여 블레셋 사람이 당신에게 들이닥쳤느니라 하니 삼손이 잠을 깨며 이르기를 내가 전과 같이 나가서 몸을 떨치리라 하였으나 여호와께서 이미 자기를 떠나신 줄을 깨닫지 못하였더라 _삿 16:20

태양이라는 이름을 가진 삼손은 어둠을 몰아내고 밝은 새 날을 가져와야 했지만, 오히려 들릴라라는 밤에 점령당해서 그 빛을 잃어버렸습니다. 삼손은 빛이신 하나님께로 사람들을 인도해야 했지만, 오히려 어둠에 가려져 빛을 잃어버렸습니다. 블레셋은 초자연적인 힘을 잃어버린 삼손의 두 눈을 뽑은 후 그가 감옥에서 맷돌을 돌리게 했습니다.

삼손은 머리털이 잘리고 두 눈이 뽑힌 채 감옥에서 맷돌을 돌리기 전까지 자신이 하나님께 구별된 나실인이었다는 것이 무엇을 의미하는지 전혀 알지 못했던 것 같습니다. 그저 힘의 근원이라 생각했던 긴 머리털만 지키면 나실인으로 사는 것이라고 착각했습니다. 포도주를 마시고 시체와 같은 부정한 것을 만져도 긴 머리털만 지키면 나실인으로 사는 것이라고 믿었습니다. 긴 머리털만 가지고 있으면 영원히 무시무시한 힘을 뽐내며 살 수 있을 것이라고 착각했습니다. 그 탓에 삼손은 나실인의 규율을 모두 어겼고 그의 머리털은 강제로 잘렸습니다. 마치 나실인이 규율을 어겼을 때 정결 예식을 행하고 머리털을 밀어 버리는 것처럼, 삼손의 머리털은 들릴라에게 강제로 잘렸습니다.

두 눈이 뽑힌 채 감옥에서 맷돌을 돌리는 삼손의 모습을 상상할 때마다 떠오르는 말씀이 있습니다.

> 대저 음녀의 입술은 꿀을 떨어뜨리며 그의 입은 기름보다 미끄러우나 나중은 쑥같이 쓰고 두 날 가진 칼같이 날카로우며 그의 발은 사지로 내려가며 그의 걸음은 스올로 나아가나니 그는 생명의 평탄한 길을 찾지 못하며 자기 길이 든든하지 못하여도 그것을 깨닫지 못하느니라 _잠 5:3-6

삼손은 들릴라를 만났을 때 참 사랑을 찾았다고 생각했습니다. 그러나 들릴라는 두 날 가진 칼같이 날카롭게 삼손을 찌르고 사지로 끌고 내려갔던 음녀였습니다. 들릴라와의 만남이 얼마나 어리석은 것인지 깨닫지 못한 채 삼손은 무너졌습니다.

> 육신을 따르는 자는 육신의 일을, 영을 따르는 자는 영의 일을
> 생각하나니 육신의 생각은 사망이요 영의 생각은 생명과 평안이
> 니라 _롬 8:5-6

삼손은 철저하게 육신의 만족과 성(性)적 쾌락을 추구했고,
영의 일을 생각하지 못했습니다. 삼손의 실패는 결코 우연히 일
어난 일이 아니었습니다. 삼손의 실패는 이미 예상된 일이었습
니다.

그러나 삼손의 실패로 모든 이야기가 끝난 것은 아닙니다.
비록 삼손은 실패했지만, 삼손을 이스라엘에게 보내신 하나님
은 실패하지도 실수하지도 않으셨습니다. 삼손이 실패하고 주
저앉은 그때에도 하나님은 여전히 이스라엘을 위해 일하고 계
셨습니다. 이스라엘의 반복된 우상 숭배와 불순종, 그리고 삼손
의 실패마저도 이스라엘을 향한 하나님의 사랑은 바꾸지 못했
습니다. 오히려 삼손의 실패를 통해 하나님의 선하신 뜻이 더욱
분명히 드러났습니다.[62]

---

62 삼손의 실패에도 불구하고 변함없는 하나님의 사랑과 계획은 3부 '하나님의 은혜'에서 자세
히 살펴보겠습니다.

힘의 근원

삼손이 들릴라에게 자기 힘의 비밀을 말해 줄 때까지 삼손의 머리털에 관한 이야기는 철저하게 비밀로 부쳐졌습니다. 보통 머리카락은 하루에 0.3mm씩 자라서 5-6년이 지나면 1m 정도가 된다고 합니다. 들릴라를 만났을 때 삼손의 나이가 스무살이었다면, 그의 머리 길이는 대략 4m이고 서른 살이었다면 대략 6m 정도입니다. 삼손은 머리가 길었기 때문에 긴 머리털을 일곱 가닥으로 땋고 살았던 것 같습니다(삿 16:13, 19).

삼손이 긴 머리털을 일곱 가닥으로 땋아서 다녔다면, 그는 자신의 특이한 외모 때문에 사람들의 주목을 받았을 것입니다. 그러나 그 누구도, 심지어는 들릴라도 삼손의 긴 머리털에 관심을 두지 않았습니다. 그저 삼손의 독특한 외모라고 생각했을 수 있습니다. 돌이켜 보면, 가사에 몰래 들어가서 창녀와 하룻밤을 보내고 오려던 삼손의 계획이 틀어진 것도 어쩌면 그의 긴 머리털 때문에 쉽게 발각된 것일 수도 있습니다. 따라서 삼손의 긴 머리털이 들릴라에게 잘릴 때까지 전혀 언급이 안 되었다는 사실은 매우 놀랍습니다. 어쩌면 후반부의 반전을 위해 저자가 의도적으로 언급하지 않은 것일 수 있습니다.

그런데 삼손이 긴 머리털을 가지고 있었는지 여부보다 더 중요한 것이 있습니다. 삼손은 한 번도 자르지 않은 자신의 긴 머리털이 초자연적인 힘의 근원이라고 생각했습니다. 그래서 그가 가지고 있던 힘의 비밀을 철저하게 숨겼습니다. 그러나 한 번도 자르지 않은 긴 머리털이 초자연적인 힘의 근원이라는 것에 대해서는 여전히 논쟁의 여지가 있습니다. 앞에서 살펴본 것처럼 삼손은 포도주와 독주를 마셨던 것으로 보이고 수많은 시체를 가까이 했습니다. 그럼에도 불구하고 삼손은 나실인 규율에 따라 자신의 머리털을 자르지 않았습니다. 그리고 여전히 초자연적인 힘을 가지고 있었습니다. 그렇다면 나실인 규율을 모두 지키지 않아도 머리털을 자르지 않는 규율만 지키면, 삼손은 계속해서 힘을 가질 수 있다고 생각했을 것입니다. 이것이 사실이라면, 비록 삼손이 포도주를 마시고 부정한 시체를 가까이 했다고 해도 정결 예식을 행하고 머리털을 자를 필요가 없는 것입니다. 왜냐하면 머리털을 자르는 순간 삼손의 초자연적인 힘이 사라질 것이기 때문입니다. 그리고 실제로 들릴라에게 머리털이 잘리자 삼손의 힘이 사라졌습니다(삿 16:19).

그렇다면 삼손의 말처럼 그의 힘의 근원은 한 번도 자르지 않은 긴 머리털에 있었을까요? 삼손은 분명히 그렇게 믿었습니다. 그래서 다른 나실인 규율에 대해서는 전혀 신경 쓰지 않고 오직 긴 머리털만 지키기 위해서 마지막 순간까지 버텼습니다.

그러나 삼손의 생각은 완전히 틀렸습니다. 삼손의 긴 머리털이 잘린 것 때문에 삼손에게 있었던 초자연적인 힘이 사라진 것이 아니었습니다. 삼손은 그렇게 믿고 있었지만, 삼손이 가졌던 힘의 근원은 그의 긴 머리털이 아니었습니다. 삼손의 생각을 그대로 따라가면 삼손이 가졌던 힘의 비밀을 정확하게 찾을 수 없습니다.

예를 들어 A와 B가 다퉜습니다. A를 찾아가서 자초지종을 듣다 보면, B가 잘못한 것처럼 생각할 수 있습니다. 그러나 B를 찾아가서 얘기를 듣다 보면, B의 잘못이 아니라 A의 잘못이라고 생각할 수도 있습니다. 그래서 양쪽의 얘기를 들어보고 상황을 판단하는 것이 중요합니다.

삼손은 자신의 힘이 나실인 서원에 따라 한 번도 자르지 않은 긴 머리털에서 나왔다고 믿었습니다. 당연히 포도주와 독주를 마시고 시체를 만져도 삼손은 여전히 초자연적인 힘을 가질 수 있다고 생각했습니다. 그래서 초자연적인 힘을 계속 갖기 위해서라면, 어떤 일이 있어도 머리털만큼은 자르지 않으면 된다고 생각했습니다. 그래서 나실인의 다른 두 가지 규율을 어겼을 때에도 삼손은 스스로 머리털을 자르지 않았습니다.

그런데 나실인의 다른 규율은 어겨도 되고 머리털만 자르지 않으면 삼손은 나실인으로 성공적인 삶을 산 것일까요? 분명히 아닙니다. 나실인으로 제대로 살려면 그의 머리털은 몇 번이나 잘려야만 했습니다. 그렇다면 어떤 이유가 되었든지 삼손의 머리털이 잘릴 때마다 그의 힘도 사라졌을까요?

이 질문은 전제가 잘못되었습니다. 이 질문은 삼손의 힘의 근원이 그의 긴 머리털에 있다는 전제에서만 성립합니다. 만약 삼손의 힘의 근원이 그의 긴 머리털에 있지 않았다면, 삼손이 시체를 만져서 부정하게 되어 정결 예식을 위해서 그의 머리털을 자를지라도 그는 다시 초자연적인 힘을 사용할 수 있습니다.

성경은 삼손이 가졌던 힘의 근원에 대해서 삼손의 생각과 분명히 다르게 설명하고 있습니다. 삼손이 더 이상 힘을 쓰지 못한 것은 머리털이 잘렸기 때문이 아니라 하나님이 삼손을 떠나셨기 때문이었습니다.

들릴라가 이르되 삼손이여 블레셋 사람이 당신에게 들이닥쳤느니라 하니 삼손이 잠을 깨며 이르기를 내가 전과 같이 나가서 몸을 떨치리라 하였으나 여호와께서 이미 자기를 떠나신 줄을 깨닫지 못하였더라 _삿 16:20

나실인으로서 완전히 실패한 삼손의 결정적인 모습은 삼손의 머리털이 잘린 것으로 표현되었습니다. 이미 포도주를 마시고 부정한 시체를 가까이 함으로써 나실인의 규율에 실패한 것에 더해 삼손은 자신의 머리털에 삭도까지 댔습니다. 그 결과 하나님이 더 이상 삼손과 함께하지 않으셨습니다. 하나님이 떠나시자 삼손은 초자연적인 힘을 잃고 보통 사람과 같이 되었습니다. 따라서 삼손의 초자연적인 힘의 근원은 삭도를 대지 않은 긴 머리털이 아니었습니다. 하나님이 힘의 근원이었습니다. 하나님의 임재가 삼손이 갖고 있던 초자연적인 힘의 근원이었습니다.[63]

만약 삼손의 생각처럼 한 번도 밀지 않은 긴 머리털이 힘의 근원이었다면, 삼손은 다곤 신전에서 하나님께 "이번만 나를 강하게 하사"라고 기도하지 않았을 것입니다. 게다가 감옥에서 맷돌을 돌릴 때, 삼손의 머리털은 다시 자라고 있었기 때문입니다 (삿 16:22). 머리털이 밀리고 다시 자란다는 것은 삼손이 나실인으로 회복된 것을 의미합니다. 그렇다면 삼손이 다시 초자연적인 힘을 가질 수 있을 것으로 기대하게 만듭니다. 그러나 삼손의 머리가 자랐어도 삼손의 힘은 다시 돌아오지 않았습니다.

삼손은 두 눈이 뽑힌 채 감옥에서 맷돌을 돌리며 무기력과 깊은 절망과 고통 가운데 있었습니다. 이때 삼손은 한 번도 자르지 않은 긴 머리털이 아니라 하나님이 힘의 근원이라는 사실을 비로소 깨닫게 되었습니다. 그래서 다곤 신전에서 마지막 순간에 하나님께 간절히 기도했던 것입니다. 하나님이 함께 계셔야만 초자연적인 힘이 생긴다는 사실을 깨닫고 하나님의 임재

---

63 버틀러, 『WBC 성경 주석: 사사기』, 815.

를 간절히 구했습니다.

> 삼손이 여호와께 부르짖어 이르되 주 여호와여 구하옵나니 나를
> 생각하옵소서 하나님이여 구하옵나니 이번만 나로 강하게 하사
> 나의 두 눈을 뺀 블레셋 사람에게 원수를 단번에 갚게 하옵소서
> _삿 16:28

한 번도 밀지 않은 긴 머리털이 아니라 하나님의 임재가 힘의 근원이라는 사실은 이미 다른 곳에서도 반복해서 암시되었습니다. 다만 삼손만 그 사실을 몰랐을 뿐입니다. 젊은 사자를 죽일 때, 하나님의 영이 임해서 사자를 염소 새끼를 찢음같이 찢었습니다(삿 14:6). 옷을 빼앗기 위해 아스글론에 내려가서 서른 명을 죽였을 때, 하나님의 영이 삼손에게 임했습니다(삿 14:19). 역시 레히에서 블레셋 사람 천 명을 죽였을 때에도 하나님의 영이 삼손에게 임하셨습니다(삿 15:14). 하나님의 영이 '갑자기' 또는 '강하게' 임할 때마다, 삼손은 초자연적인 힘을 갖게 되었습니다.[64] 공상 과학 영화에서 하늘에서 갑자기 번개와 같은 빛이 주인공을 비출 때, 주인공이 초능력자가 되는 장면을 연상케 합니다. 따라서 하나님의 임재가 삼손이 가졌던 힘의 근

---

64 모두 동일한 히브리어 동사가 사용되었는데, '급하게 임하다'의 의미입니다.

원이었습니다. 이것 덕분에 삼손은 블레셋도 물리칠 수 있었습니다.

따라서 하나님이 삼손이 가졌던 힘의 근원이라는 사실은 하나님이 삼손의 삶에 직접 개입하셨음을 분명히 보여 줍니다. 삼손을 통해서 이스라엘의 원수를 물리치시고 이스라엘의 구원을 위해 일하시는 하나님의 섭리를 잘 보여 주고 있습니다.[65] 따라서 이제는 진지하게 다시 한 번 생각해야 합니다. 만약 삼손이 가졌던 힘의 근원이 한 번도 밀지 않은 긴 머리털이 아니라 하나님이셨다면, 긴 머리털을 지켜야만 삼손이 사사의 사명을 감당할 수 있는 것은 아니었습니다.

긴 머리털을 지켜야 초자연적인 힘을 갖게 된다는 삼손의 생각은 잘못된 추측이었습니다. 삼손이 긴 머리털을 가지고 있었기 때문에 초자연적인 힘으로 블레셋을 물리칠 수 있었다는 생각 역시 잘못된 것입니다. 오히려 삼손이 힘의 근원인 하나님의 임재와 하나님을 믿는 믿음으로 블레셋을 물리쳤다면, 그는 사사로서도 성공적인 삶을 살 수 있었습니다. 이 사실을 좀 더 명확하게 이해하기 위해서 나실인 삼손을 이 땅에 보내셔서 이스라엘을 구원하도록 하신 하나님의 계획을 더 자세히 살펴보겠습니다.

---

65 Webb, *The Book of Judges*, 374.

스터디 가이드

사랑하는 사람과 비밀을 공유하는 것은 그만큼 둘 사이를 더 친밀하게 만들 수 있습니다. 그러나 그 둘의 관계가 깨지면, 둘만의 비밀은 상상할 수 없는 고통스런 결과를 초래할 수 있습니다. 나실인으로서 머리에 삭도를 대지 말아야 했던 삼손과 삼손의 비밀을 알아서 부귀영화를 누리려고 했던 들릴라와의 치열한 수 싸움이 시작되었습니다. 그 싸움은 들릴라의 승리로 끝났습니다. 그리고 이 사건은 삼손을 큰 충격에 빠뜨렸습니다.

1. 삼손이 마지막까지 머리털에 대한 비밀을 지키려고 했던 이유는 무엇입니까?

2. 삼손이 가졌던 초자연적인 힘의 성경적 근원은 무엇입니까? 만약 삼손이 생각했던 것과 다르다면, 그 이유는 무엇입니까?

3. 하나님의 섭리는 신비로워서 인간이 다 이해할 수 없습니다. 다만 시간이 지난 뒤에, 하나님의 계획을 유추해서 알게 되는 경우가 많습니다. 삼손은 실패했지만, 그런 삼손을 하나님이 사용하셨습니다. 이 사실을 잘 보여 주는 사건은 무엇이고 그 이유를 함께 나누어 봅시다(삿 14:4; 16:23-31).

4. 하나님은 삼손과 하나님의 영으로 함께하셨고, 지금의 우리에게도 함께하신다고 약속하셨습니다. 이 땅에 오신 예수님의 다른 이름은 '임마누엘' 즉, '하나님이 우리와 함께 계시다'입니다(마 1:23). 성령님도 우리와 영원히 함께하신다고 약속하셨습니다(요 14:16). 이 약속이 자신에게 어떤 확신을 주는지 나누어 봅시다.

제3부

하나님의 은혜

08
사사 삼손

　예전에 여름 성경 학교를 준비하기 위해 기독교 용품점에 들렀습니다. 이곳저곳을 둘러보면서 삼손과 관련된 소품들이 유난히 많은 것을 보고 신기했습니다. 맨손으로 사자를 죽이고 나귀 턱뼈로 수많은 적군을 죽인 용맹스런 삼손! 다곤 신전 기둥을 두 손으로 잡고 온 힘을 다해 기둥을 무너뜨린 영웅 중의 영웅, 삼손! 물맷돌로 골리앗을 죽인 다윗 인형도 근육질의 힘센 천하장사 삼손 옆에서는 왠지 초라하게 보였습니다. 그런데 삼손은 정말 영웅일까요?

실패한 사사

　정부 고위 공직자를 임명하기 전에 국회는 청문회를 엽니다. 청문회 전까지는 이미지도 좋고 존경받던 분들이 오래전에 저질렀던 비리와 실수 탓에 한순간에 무너지는 경우를 종종 보게 됩니다. 먼 훗날 이런 자리에 앉을 것을 알았다면, 그때 그런 일을 하지 않았을 텐데 하는 아쉬운 마음이 듭니다. 만약 삼손이 이스라엘 국회 청문회에 참석해서 "사사로서 도대체 무엇을 했습니까?"라는 질문을 받았다면, 그는 과연 뭐라고 대답했을까요?

삼손 이전의 사사들은 기드온처럼 하나님의 사자가 직접 찾아가거나 입다처럼 이스라엘 백성의 요청에 따라 세워졌습니다. 물론 하나님이 이들을 사사로 세우셔서 이스라엘을 구원하셨습니다. 그런데 삼손의 경우는 매우 특별했습니다. 사사로서의 공식적인 선포는 삼손이 태어나기도 전에 이뤄졌습니다.

> 보라 네가 임신하여 아들을 낳으리니 그의 머리 위에 삭도를 대지 말라 이 아이는 태에서 나옴으로부터 하나님께 바쳐진 나실인이 됨이라 그가 블레셋 사람의 손에서 이스라엘을 구원하기 시작하리라 _삿 13:5

그리고 예수님이 성령에 이끌려 광야로 나가셨던 것처럼, 하나님의 영이 삼손을 움직이셔서 본격적으로 사사의 사역이 시작되었음을 알렸습니다.

소라와 에스다올 사이 마하네단에서 여호와의 영이 그를 움직이
기 시작하셨더라 _삿 13:25

딤나로 가던 길에 하나님의 영이 삼손을 감동시켰습니다. 포
도원에서 사자를 만난 삼손에게 하나님의 영이 갑자기 임해서
염소 새끼를 찢음같이 사자를 찢었습니다(삿 14:5-6). 그리고 하
나님의 영이 다시 임해서 그는 삼십 명의 블레셋 사람들을 죽
이고 옷을 빼앗아 수수께끼를 맞힌 사람들에게 주었습니다(삿
14:19). 마지막으로, 레히에서 하나님의 영은 갑자기 임해서 그
는 나귀 턱뼈로 천 명의 블레셋 사람들을 죽였습니다(삿 15:14-
17). 아내를 죽인 블레셋 사람들에게 복수한 것이 발단이 되어
레히에서 천 명의 블레셋 사람들을 죽이고 삼손은 다시 이스라
엘의 사사로 소개가 되었습니다(삿 15:20).

이 외에도 하나님의 영이 임했다는 구체적인 언급은 없지만,
삼손은 지속적으로 블레셋을 괴롭혔습니다. 자기의 아내를 친
구에게 빼앗기자 여우 삼백 마리 꼬리에 불을 붙여 블레셋의 곡
식과 밭을 불태웠습니다(삿 15:3-5). 가사의 창녀를 찾았다가 밤
중에 그 성을 빠져나올 때, 그 성 문짝들과 문설주와 문빗장을
들고 헤브론까지 걸어갔습니다(삿 16:1-3).

삼손의 최후에서도 하나님의 영에 대한 언급은 없지만, 삼손
은 초자연적인 힘을 발휘해서 다곤 신전을 무너뜨리고 블레셋

의 지도자들과 백성들을 죽였습니다. 이로 말미암아 삼손은 자신의 두 눈을 뽑은 블레셋에게 복수를 했고 이스라엘의 사사로서 기억되었습니다(삿 16:23-30).

그런데 하나님의 영이 삼손에게 임했는지 여부를 떠나서 그가 블레셋과 싸울 때마다 나타나는 공통점이 하나 있습니다. 삼손은 이스라엘을 구원하는 사사의 사명을 위해서 블레셋과 싸운 것이 아니었습니다. 오로지 '사랑과 복수'를 위해 초자연적인 힘을 사용했습니다. 안타깝게도 사사로서 열정과 탁월한 계획을 가지고 블레셋을 물리친 적이 한 번도 없습니다. 블레셋과의 싸움과 승리는 사랑과 복수에만 매달리며 살아온 결과였습니다. 냉정하게 말해서, 삼손은 처음부터 이스라엘을 블레셋으로부터 구하는 사사로서의 사명에는 관심이 없었습니다. 오직 육체적 쾌락과 사랑을 얻기 위해 자신의 힘을 사용했고, 이런 삶이 삼손의 눈에는 옳은 일이었습니다.

그러나 사랑을 갈구했던 삼손은 역시 사랑 때문에 망했습니다. 삼손이 딤나 여인과의 결혼식에서 삼십 명의 블레셋 사람들에게 낸 수수께끼가 삼손의 결말을 암시하고 있습니다.

먹는 자에게서 먹는 것이 나오고 강한 자에게서 단 것이 나왔느니라 _삿 14:14

삼손이 의도한 답은 '사자와 꿀'이었습니다. 그러나 여기에는 놀라운 복선이 깔려 있습니다. 삼손의 수수께끼에 대해 블레셋 사람들은 이렇게 답했습니다.

무엇이 꿀보다 달겠으며 무엇이 사자보다 강하겠느냐_삿 14:18

삼손은 블레셋 사람들이 자신의 수수께끼를 맞췄다고 생각했습니다. 그러나 블레셋 사람들의 대답은 또 다른 수수께끼가 되었습니다. 무엇이 꿀보다 달고 무엇이 사자보다 강합니까? 바로 '사랑'입니다. 삼손이 그토록 갖고 싶었던 사랑입니다. 사랑은 꿀보다 달콤합니다. 삼손을 충동했던 사랑은 사자를 죽인 삼손보다 더 강하지 않습니까?[66] 삼손은 사랑 때문에 자신의 모든 것을 버렸습니다. 자신을 태울 불꽃을 향해 날아가 한 줌의 재가 되어 버린 불나방처럼, 하나님을 떠나 세속적 사랑을 향해 달려갔던 삼손의 사랑에는 브레이크가 없었습니다. 그렇습니다. 사랑은 꿀보다 더 달콤했기 때문에 삼손은 사랑으로부터 도망칠 수가 없었습니다. 사자보다 더 강한 삼손 자신을 쓰러뜨릴 수 있었던 것이 바로 사랑이었습니다.

결국 세 여인과의 사랑 이야기가 삼손을 이끄는 중요한 모티

---

66 Mobley, *The Empty Men: The Heroic Tradition of Ancient Israel*, 190.

브입니다.[67] 육체적 쾌락 때문에 이방 여인과 결혼했습니다. 사랑 때문에 삼손은 블레셋 사람들을 죽였습니다. 사랑 때문에 삼손은 나실인의 정체성을 버렸습니다. 사랑 때문에 자신의 위대한 힘의 근원이라 믿었던 머리털의 비밀도 털어놨고 두 눈도 잃었습니다. 그리고 사랑을 방해한 블레셋에게 복수하기 위해서 기꺼이 목숨도 포기했습니다.

삼손은 이스라엘을 구원할 사사로 보냄을 받았지만, 이스라엘의 구원에는 전혀 관심이 없었습니다. 레히 사건을 통해 이스라엘의 사사로 공식적으로 등장했지만, 이스라엘 백성에게 어떤 영향력도 미치지 못했습니다. 그래서 삼손이 다곤 신전에서 블레셋 사람들을 죽이고 자신도 죽었을 때, 오직 그의 형제와 아버지의 집 사람들만 삼손의 시체를 찾으러 와서 장사 지냈습니다.

이로 보건대, 삼손은 사사로 있었던 20년 동안 블레셋에게 치명적인 피해를 입히긴 했지만, 다른 사사들처럼 이스라엘의 리더로서 백성들의 삶에는 영향을 끼치지 못했습니다. 이스라엘의 구원을 위해서 살았던 것이 아니라 오로지 자신의 눈에 좋아 보이는 여인을 향한 사랑이 삼손을 지배했기 때문이었습니다. 하나님께 구별된 나실인으로서 하나님만 섬겨야 했던 삼손

---

67 위의 책, 195. 삼손은 딤나 여인을 자신의 눈에 좋아 보이는 여인이라고 했습니다. 이 또한 삼손의 입장에서는 사랑이었습니다. 육체적인 쾌락을 만족시켜 주는 사랑이라고 여겼습니다.

은 이방 여인과의 사랑을 지키기 위해 자신의 모든 것을 버렸습니다. 사사로서 이와 같은 삼손의 모습은 정말 실망스럽습니다.

하지만 하나님은 사사로서 실패한 삼손의 삶도 이스라엘에게 은혜를 베푸는 통로로 사용하셨습니다. 반복된 우상 숭배로 말미암아 큰 고통을 받으면서도 회개하지 않았던 이스라엘 백성이었지만, 이들을 향한 하나님의 사랑은 변함이 없었습니다. 그래서 하나님은 삼손을 이스라엘에게 보내셨고 삼손의 실패한 삶을 사용하셔서 이스라엘을 향한 당신의 사랑을 보여 주셨습니다.

회개한 사사 삼손

하나님의 은혜와 나실인의 회복

블레셋 사람들이 그를 붙잡아 그의 눈을 빼고 끌고 가사에 내려가 놋줄로 매고 그에게 옥에서 맷돌을 돌리게 하였더라 그의 머리털이 밀린 후에 다시 자라기 시작하니라 _삿 16:21-22

삼손은 사랑하던 여인에게 속아 결국 두 눈이 뽑힌 채 감옥에서 맷돌을 돌리는 신세가 되었습니다. 초자연적인 힘으로 원하는 것은 무엇이든 할 수 있었던 힘센 자 삼손을 블레셋 사람들도 크게 두려워했습니다. 삼손을 막을 수 있는 것은 아무것도 없었습니다.

그러나 삼손은 머리털이 밀린 후 보통 사람이 되어 버렸고, 앞도 보지 못하며 차디찬 감옥에서 놋줄에 묶인 채 맷돌을 돌렸습니다. 죽음을 기다리는 것 외에는 할 수 있는 것이 아무것도 없는 처량한 신세가 되었습니다. 인생의 덧없음을 느꼈을지도 모릅니다. 후회해도 되돌아갈 수 없는 과거를 아쉬워하며 눈물로 하루하루를 지새웠을지도 모릅니다. 그 무엇으로도 표현할 수 없는 절망이 삼손을 엄습했습니다. 누구도 제어할 수 없는 자유로운 사람이었지만, 이제는 갇힌 자가 되었습니다. 그러나 갇힌 자가 되었을 때, 삼손에게 놀라운 반전이 시작되었습니다. 감옥에 갇혀서 죽음을 기다리던 순간이 삼손의 인생에 놀라운 터닝 포인트가 되었습니다.

나실인이었던 삼손은 들릴라 때문에 강제로 머리털이 잘렸습니다. 삼손이 나실인으로서 완전히 실패했다는 것을 분명히 보여 준 사건이었습니다. 그러나 다른 한편으로는 삼손의 머리털이 밀린 사건은 지금까지 삼손이 저지른 모든 실수를 지워 버릴 수 있는 기회가 되었습니다. 나실인은 한 가지라도 규율을 어기면 정결 예식을 행하고 머리를 밀고 나실인 서원을 처음부터 다시 시작해야 했습니다. 다시 말해 들릴라에게 강제로 머리가 밀렸지만, 결과적으로는 삼손이 나실인으로서 새롭게 시작할 수 있는 계기가 되었습니다. 초자연적인 힘을 포기할 수 없었고 다른 나실인의 규율에는 관심도 없었기 때문에, 지금까지 다른 규율을 어겼어도 머리털을 밀지 않았습니다. 그런데 들릴라에게 강제로 머리털이 밀리면서 오히려 삼손은 나실인으로 새롭게 시작할 수 있었습니다. 다시 하나님께로 나아갈 수 있는 기회를 얻게 되었습니다.

물론 삼손이 스스로 잘못을 인정하고 머리털을 자른 것은 아니었습니다. 스스로 나실인 서원을 다시 하고 나실인으로 회복된 것도 아니었습니다. 나실인으로 회복되는 과정에서 삼손은 철저하게 수동적이었습니다. 솔직히 말해서 삼손은 아무것도 하지 않았습니다. 그런데 이것이 하나님의 은혜가 임하는 모습입니다.

죄인인 우리가 하나님의 은혜를 누리는 유일한 길은 하나님이 우리를 찾아오시는 것입니다. 우리가 먼저 하나님을 찾는 것이 아닙니다. 하나님이 은혜를 주셔야 비로소 우리는 반응하며 살아날 수 있습니다. 은혜는 하나님이 주셔야 합니다. 우리의 노력과 정성으로 얻는 것이 아닙니다. 그래서 은혜를 얻고 누리는 과정에서 우리는 수동적일 수밖에 없습니다. 물론 은혜를 사모할 수 있지만, 이 역시 하나님이 은혜를 주셔야 은혜를 누릴 수 있습니다.

모든 것을 빼앗기고 절망하며 감옥에서 맷돌을 돌리던 삼손에게 하나님의 은혜가 임했습니다. 머리털이 다시 자라기 시작했습니다. 나실인으로 실패했던 삼손이 나실인으로 다시 회복된 증거입니다. 머리털이 잘리고 나실인으로 철저하게 실패한 결과가 오히려 삼손을 나실인으로 회복시켜 준 모순된, 그러나 하나님의 은혜를 누리는 기회가 되었습니다. 감옥에 갇혀 절망 가운데 있던 삼손에게 임한 하나님의 은혜였습니다.

삼손의 믿음

차디찬 감옥에서 맷돌을 돌리던 삼손! 앞을 볼 수 없었던 삼손의 머리털이 다시 자라기 시작했습니다. 사람의 머리털은 매일 아주 조금씩 자랍니다. 이렇게 당연한 일을 굳이 쓴 이유는 삼손에게 변화가 일어나고 있었기 때문입니다.

들릴라에게 머리털이 밀렸을 때 하나님이 삼손을 떠나셨습니다. 그로 말미암아 감옥에서 맷돌을 돌릴 때, 삼손은 하나님의 부재에 따른 영적 곤핍함과 큰 두려움을 느꼈을 것입니다. 하나님의 영이 함께했던 사람이라면, 하나님의 영이 떠난 뒤에 자신에게 찾아온 영적 갈급함과 두려움을 더 크게 느끼게 됩니다. 사울왕과 다윗왕이 이 사실을 확연하게 보여 주었습니다.

이스라엘의 초대 왕이었던 사울은 하나님의 뜻을 거절하고 인간적인 계획을 하고 백성들의 눈치를 보는 왕이 되어 버렸습

니다. 하나님의 명령을 무시하고 모든 것을 자기 뜻대로 하며
자기가 원하는 왕국을 세우려고 했습니다. 하나님은 그런 사울
을 버리셨습니다.

> 사무엘이 이르되 여호와께서 번제와 다른 제사를 그의 목소리
> 를 청종하는 것을 좋아하심같이 좋아하시겠나이까 순종이 제사
> 보다 낫고 듣는 것이 숫양의 기름보다 나으니 이는 거역하는 것
> 은 점치는 죄와 같고 완고한 것은 사신 우상에게 절하는 죄와 같
> 음이라 왕이 여호와의 말씀을 버렸으므로 여호와께서도 왕을 버
> 려 왕이 되지 못하게 하셨나이다 _삼상 15:22-23

결국 하나님의 영은 사울을 떠나고 악령은 사울을 번뇌하게
했습니다. 사울은 극심한 공포에 휩싸였고 고통 가운데 살았습
니다.

> 여호와의 영이 사울에게서 떠나고 여호와께서 부리시는 악령이
> 그를 번뇌하게 한지라 _삼상 16:14

이 모습을 가장 가까이에서 지켜본 사람이 다윗이었습니다.
다윗은 악령이 사울을 괴롭힐 때마다 사울을 위해 수금을 연주
했습니다(삼상 16:14~23). 그러나 악령이 사울을 더욱 강하게 괴

롭힐 때, 사울은 수금을 연주하는 다윗을 향해 창까지 던졌습니다(삼상 18:10-11). 다윗은 하나님의 영이 떠나고 악령에 사로잡힌 사울의 모습을 가장 가까이에서 지켜보았기에, 하나님의 영이 떠나고 악령이 임할 때 인간이 갖는 두려움과 영적 곤핍함에 대해 다윗은 그 누구보다 잘 알고 있었습니다.

그랬던 다윗이 밧세바와 간음을 행하고 그에 따라 그의 남편 우리아를 죽인 것으로 말미암아 하나님께 심한 책망을 받게 되었습니다(삼하 12:1-15). 이때 다윗은 자신이 겪었던 절망과 두려움을 시편 51편에서 고백하고 있습니다.

> 하나님이여 내 속에 정한 마음을 창조하시고 내 안에 정직한 영을 새롭게 하소서 나를 주 앞에서 쫓아내지 마시며 주의 성령을 내게서 거두지 마소서 _시 51:10-11

다윗은 하나님의 영이 떠나고 악령의 지배를 받아 영적 기갈과 혼란에 처했던 사울을 보았기에 자신의 죄로 말미암아 하나님의 영을 거두는 것만큼은 면하게 해 달라고 간절히 기도했습니다. 간음과 살인으로 하나님께 큰 죄를 지었던 다윗이 가졌던 그 두려움! 삼손은 두 눈이 뽑히고 감옥에서 맷돌을 돌릴 때 비로소 그 두려움을 경험하게 되었습니다. 하나님의 영이 떠나고 철저하게 버림받은 어리석은 모습을 깨닫게 되었습니다. 세상 사람들이 부러워하는 힘과 능력을 가지고 있어도 하나님이 함께하시지 않으면 소용없음을 삼손은 비로소 알게 되었습니다. 철저하게 실패한 자신의 모습을 보게 되었습니다.

C. S. 루이스는 믿음에 대해 의미심장한 말을 남겼습니다.

[사람은] 자신이 완전히 파산했다는 사실을 발견하기 전까지 하나님과 올바른 관계를 시작할 수 없습니다.[68]

인간은 누구나 '자기 의'가 강하기 때문에, 쉽게 자신의 죄를 인정하려고 하지 않습니다. 그리고 죄를 인정하지 않으면 당연히 하나님을 찾을 이유가 없습니다. 타락한 죄인이라는 사실을 어설프게 인정하는 것도 안 됩니다. 루이스는 어설프게 죄인 됨을 인정하는 사람은 더 노력해서 자신의 힘으로 하나님께 나아가려 한다고 말했습니다.

하나님께 돌아가는 길은 어떤 의미에서 도덕적으로 더욱더 열심히 노력하는 것입니다. 그러나 또 다른 의미에서 보면 이런 노력은 우리를 고향으로 인도해 주지 못합니다. 이 모든 노력은 하나님을 향하여 '당신이 이 일을 하셔야 합니다. 저는 못 합니다'라

---

68 C. S. 루이스, 『순전한 기독교』, 장경철, 이종태 역(서울: 홍성사, 2017), 229.

고 고백하게 되는 그 지극히 중대한 순간까지만 우리를 인도해
갈 수 있습니다.[69]

루이스의 말처럼, 우리가 아무리 노력을 한다 해도 그런 노
력과 정성이 우리를 하나님께로 나아가도록 이끌지 못합니다.
인간의 모든 도덕적인 노력은 실패하게 됩니다. 그 실패의 자리
에서 자신의 무능함을 철저하게 깨닫고 인정하면 하나님을 찾
는 자리로 나올 수 있습니다. 하나님 없이는 소망이 없음을 비
로소 깨닫게 됩니다. 그래서 자신의 실패와 무능을 철저하게 인
정할 때에만, 인간은 하나님을 찾게 되고 믿음을 갖게 됩니다.
　계속해서 루이스는 믿음을 갖게 되는 이 모든 과정을 하나님
이 주도하고 계신다고 말합니다.

중요한 것은 변화의 본질 그 자체(우리의 가장 절망적인 상태를 인
정하는 것)이지, 변화가 일어날 때의 느낌이 어떠했느냐가 아닙
니다. 중요한 것은 자신의 노력을 의지하던 상태에서 자신에게
완전히 절망하고 모든 것을 하나님께 맡기는 상태로 변화되었다
는 사실 그 자체입니다.[70]

69 위의 책, 230.
70 위의 책, 231.

자신을 온전히 의지하고 살아왔던 수많은 시간을 하나님의 뜻이 이루어지는 시간이었다고 합리화해서는 안 됩니다. 단지 자신의 힘을 믿고 자기가 원하던 것을 얻기 위해 살아왔던 시간들이었을 뿐입니다. 그래서 실패한 것입니다. 어쩌면 삼손이 사랑과 복수를 위해 이리저리 부딪쳤던 시간들은 하나님을 온전히 인정하는 자리까지 도달하기 위해 지나야 했던 과정이었을지도 모릅니다.

　그 시간이 지나 힘을 잃고 두 눈이 뽑힌 채 감옥에서 맷돌을 돌리던 삼손에게 마침내 변화가 일어나기 시작했습니다. 하나님을 인정하게 되고 나실인으로서 하나님과의 관계가 회복되기 시작했습니다. 가장 절망적이고 가장 비참한 상황에서, 삼손은 비로소 하나님을 만나게 되었습니다. 비록 앞을 볼 수는 없었지만, 두 눈이 뽑힌 뒤에야 믿음의 눈으로 하나님을 볼 수 있게 되었습니다. 루이스의 말처럼, 마침내 삼손이 '믿음'을 갖게 되었습니다. 하나님은 이처럼 실패한 삼손을 버리지 않으셨고, 인생의 가장 비참한 밑바닥에서 절망하고 있던 삼손을 찾아오셨습니다.

　시편 기자는 깊은 죄의 절망으로 세상 끝까지 도망갈지라도 하나님은 그곳까지 우리를 찾아오시며 우리를 회복시키신다고 고백하고 있습니다.

내가 주의 영을 떠나 어디로 가며 주의 앞에서 어디로 피하리이까 내가 하늘에 올라갈지라도 거기 계시며 스올에 내 자리를 펼지라도 거기 계시니이다 내가 새벽 날개를 치며 바다 끝에 가서 거주할지라도 거기서도 주의 손이 나를 인도하시며 주의 오른손이 나를 붙드시리이다 _시 139:7-10

실패를 좋아하는 사람은 없습니다. 누구나 성공하고 싶어 하고 인정받고 싶어 합니다. 돈이 없어 힘들게 사는 것보다 여유 있게 살고 싶어 합니다. 그러나 삶이 그렇게 호락호락하지 않습니다. 잘 나가다가 실패하기도 하고 세상의 중심에 있는 것처럼 큰소리치며 살다가 하루아침에 버려지기도 하고 비참한 상황에 처하기도 합니다. 그 순간에도 기억해야 합니다. 거친 세상의 고단함과 실패와 좌절로 세상에 홀로 남겨진 것처럼 느껴지고 쓸쓸함과 고독, 배신감이 온몸을 휘감아 고통스러울 때조차도 하나님은 우리와 함께 계십니다. 우리 모두는 절망의 밑바닥에서 당신의 백성을 포기하지 않으시고 찾아오시는 하나님을 만나야 합니다. 당신의 자녀를 포기하지 않으실 뿐만 아니라 마땅히 있어야 할 곳으로 친히 이끄시는 하나님을 만나야 합니다. 속된 말로, 고난이 고난으로 끝나면 말 그대로 개고생입니다. 그러나 고난이 하나님을 만나는 기회가 되면 그것은 은혜입니다.

고난 당한 것이 내게 유익이라 이로 말미암아 내가 주의 율례들

을 배우게 되었나이다 _시 119:71

삼손은 사사로서 자신의 역할에 관심도 없었고 오직 육체적
쾌락을 사랑으로 착각하며 살다가 인생의 가장 비참한 상황으
로 내몰렸습니다. 그러나 하나님은 그런 삼손을 계속 사용하셨
습니다. 하나님은 실패한 삼손을 찾아오셔서 그의 삶을 통해서
이스라엘을 구원하시려는 계획을 멈추지 않으셨습니다.

믿음의 증거

삼손은 완전히 실패하고 좌절한 뒤에 하나님을 만나게 되었
습니다. 자신의 힘과 능력으로 살아왔던 시간들, 그래서 처절
하게 실패한 자로서 하나님 앞에 섰습니다. 머리털이 밀리고 두
눈이 뽑힌 뒤에야 하나님을 진정으로 의지하는 마음을 갖게 되
었습니다. 그리고 하나님이 힘의 근원이신 것도 깨닫게 되었습
니다. 게다가 자신에게 다시 초자연적인 힘을 주실 수 있는 분
도 하나님밖에 없음을 분명히 믿게 되었습니다. 그래서 삼손은
기도할 수 있었습니다.

블레셋 사람들은 다곤 신이 원수 삼손을 자신들에게 넘겨줬

다고 생각했습니다. 그래서 다곤 신전에 모여 제사를 드리고 축제를 열었습니다. 전쟁에서 대승을 거둔 것처럼 축제 분위기가 고조되고 절정에 이르자 사람들은 삼손을 끌어냈습니다. 앞을 보지 못하는 삼손을 조롱하며 재주를 부리게 했습니다. 두 눈이 뽑힌 삼손이 신전에 나타났습니다. 사방에서 들려오는 조롱과 야유에 신경질적으로 반항하는 삼손의 모습을 볼수록 사람들은 더욱 크게 환호했습니다.

죽음을 예견했을까요? 아니면 마지막 발버둥을 치려 했을까요? 삼손은 자기 손을 붙든 소년에게 신전의 중심 기둥으로 자신을 인도해 달라고 부탁했습니다. 두 기둥을 붙잡고 있는 삼손을 보면서 블레셋 사람들은 더 기뻐하며 환호했습니다(삿 16:23-27).

바로 그때, 삼손은 차디찬 감옥에서 만난 하나님께 기도했습니다. 인생의 가장 밑바닥에서 만난 하나님을 찾았습니다.

삼손이 여호와께 부르짖어 이르되 주 여호와여 구하옵나니 나를 생각하옵소서 하나님이여 구하옵나니 이번만 나를 강하게 하사 나의 두 눈을 뺀 블레셋 사람에게 원수를 단번에 갚게 하옵소서
_삿 16:28

삼손은 마지막으로 하나님께 간절히 기도했습니다. 이렇게 처참하게 실패한 자신의 모습을 긍휼히 여겨 주시기를 간절히 기도했습니다. 마지막으로 딱 한 번만 초자연적인 힘을 허락해 주시기를 간절히 구했습니다. 그리고 하나님이 응답하셨습니다. 기도가 끝나고 삼손은 두 기둥을 양손으로 힘껏 밀었습니다. 기둥이 넘어지자 커다란 다곤 신전도 힘없이 무너졌습니다. 삼손을 조롱하던 블레셋의 모든 방백들과 백성들의 환호는 순식간에 비명으로 바뀌었습니다. 그리고 모두 죽었습니다. 물론 삼손도 안타까운 죽음을 맞이할 수밖에 없었습니다.

> 삼손이 이르되 블레셋 사람과 함께 죽기를 원하노라 하고 힘을 다하여 몸을 굽히매 그 집이 곧 무너져 그 안에 있는 모든 방백들과 온 백성에게 덮이니 삼손이 죽을 때에 죽인 자가 살았을 때에 죽인 자보다 더욱 많았더라 _삿 16:30

히브리서 기자는 블레셋을 물리친 삼손이 다른 사사들, 다윗과 사무엘과 선지자들처럼 믿음으로 나라를 이겼다고 소개하고 있습니다. 따라서 삼손이 가졌던 믿음은 히브리서 11장에서 소개하는 믿음을 통해서 이해할 수 있습니다.

내가 무슨 말을 더 하리요 기드온, 바락, 삼손, 입다, 다윗 및 사무엘과 선지자들의 일을 말하려면 내게 시간이 부족하리로다 그들

은 믿음으로 나라들을 이기기도 하며 의를 행하기도 하며 약속
을 받기도 하며 사자들의 입을 막기도 하며 _히 11:32-33

히브리서 기자는 믿음을 "바라는 것들의 실상이요 보이지 않
는 것들의 증거"라고 했습니다 (히 11:1). 눈에 보이지 않지만 분
명히 존재하는 하나님을 확신하도록 만드는 것이 믿음입니다.
그리고 믿음의 구체적인 내용은 '하나님이 계신 것'과 '하나님
을 찾는 자들에게 상 주시는 이심'을 믿는 것이라고 했습니다(히
11:6). 이런 점에서 삼손을 포함해 히브리서 11장에 소개된 믿음
의 사람들은 눈에 보이지 않는 하나님의 존재를 확신했기에 하
나님을 찾았고 하나님의 응답으로 나라를 이기기도 하며 의를
행하기도 하고 약속을 받기도 하며 사자들의 입을 막는 상을 얻
을 수 있었습니다.

삼손이 다곤 신전의 두 기둥을 무너뜨릴 만한 큰 힘을 갖게
된 것은 그가 눈에 보이지 않는 하나님을 믿음으로 찾고 하나님
의 도움을 구한 결과였습니다. 삼손은 인생의 가장 절망적인 밑
바닥에서 만난 하나님을 분명히 믿었습니다. 초자연적인 힘을
가졌지만 하나님의 뜻대로 사용하지 못했던 자신을 버리지 않
으시고 감옥까지 찾아오신 하나님을 만나고 믿었습니다.

물론 삼손의 마지막 기도가 사사로서의 사명, 즉 이스라엘을
구원하기 위한 것이 아니라는 점은 매우 아쉬운 대목입니다. 삼

손은 자신의 두 눈을 뽑고 사랑을 송두리째 앗아 간 블레셋 사람들에게 복수하기 위해 마지막으로 초자연적인 힘을 허락해 달라고 기도했습니다. 나실인으로 다시 회복되었지만, 삼손은 안타깝게도 여전히 블레셋에 대한 원망으로 가득 차 있었습니다. 사랑에 목을 맨 삼손이었기에 들릴라에게 배신을 당했다는 마음보다는 들릴라와의 사랑을 짓밟아 버린 블레셋을 향한 원한이 삼손의 마음을 지배했습니다.

삼손은 지금까지 사사로서 한 것도 없고 오직 자신을 위해서만 살아왔습니다. 하지만 감옥에서 하나님을 만나고 믿음으로 기도할 정도가 되었습니다. 그렇다면 마지막 한 번만큼은 이스라엘을 위해 힘을 쓰게 해 달라고 기도했다면 얼마나 좋았을까 하는 아쉬움이 크게 남습니다. 결국 삼손은 마지막 순간에 하나님에 대한 믿음을 갖기는 했지만, 그는 마지막 순간까지도 사사의 사명을 위해서 살지 못했습니다. 그러나 이스라엘을 블레셋의 손에서 구원하기 위해 보냄을 받은 사사의 역할은 일정 부분 감당할 수 있었습니다. 이 또한 삼손의 능력이나 의도는 아니었습니다. 나실인 사사 삼손을 통해 이스라엘을 위해 일하신 하나님의 은혜와 섭리의 결과였습니다.

스터디 가이드

히브리서는 삼손이 믿음의 사람이었고 믿음으로 말미암아 나라를 구했다고 말했습니다(히 11:32-33). 그러나 삼손의 삶을 돌아보면 믿음과는 거리가 먼 사람처럼 보입니다. 그의 마지막 모습도 비참했습니다. 그럼에도 불구하고 삼손이 믿음의 사람이었다면, 우리는 성경이 말하는 믿음이 무엇인지 알아야 합니다.

1. 혼인 잔치에서 시작된 삼손과 블레셋과의 계속된 싸움에서 찾아볼 수 있는 공통점은 무엇입니까?

2. 혼인 잔치에서 삼손의 수수께끼에 대해 블레셋 사람들은 "무엇이 꿀보다 달겠으며 무엇이 사자보다 강하겠느냐?"(삿 14:18)라고 말했습니다. 이 말이 갖는 이중적인 의미는 무엇입니까?

3. 들릴라로 말미암아 삼손의 머리털이 밀렸습니다. 이 사건이 갖는 두 가지 의미는 무엇이고 어떤 점에서 삼손에게 큰 전환점이 되었습니까?

4. 삼손이 머리털이 밀리고 두 눈이 뽑힌 후 감옥에서 맷돌을 돌리게 된 것은 그의 인생에 찾아온 가장 큰 고난이었습니다. 이 고난이 삼손에게 주는 의미는 무엇입니까? (시 119:71) 그리고 우리 삶에서 경험하는 고난이 주는 유익은 무엇인지 함께 나누어 봅시다.

5. 히브리서는 믿음을 '보이지 않는 하나님의 살아 계심을 확신하는 것'이라고 했습니다. 그리고 이런 믿음을 가지고 하나님께 나아가면 하나님이 주시는 상을 분명히 받을 것이라고 했습니다(히 11:1, 6). 그렇다면 삼손은 어떤 점에서 믿음을 가진 사람이라고 말할 수 있습니까?

6. C. S. 루이스는 "[사람은] 자신이 완전히 파산했다는 사실을 발견하기 전까지 하나님과 올바른 관계를 시작할 수 없습니다"라고 말했습니다. 당신은 세상을 살면서 어떠한 계기로 믿음을 갖게 되었는지 나누어 봅시다.

09
하나님의 은혜와 섭리

안타깝게도 삼손의 삶은 비극적으로 끝났습니다. 나라를 구할 수 있는 탁월한 능력이 있었지만, 나실인으로서 완전히 실패했고 사사의 사명도 잊고 살았습니다. 그러나 하나님은 삼손을 포기하지 않으시고 그의 실수와 실패를 통해서도 일하셨습니다. 비록 삼손은 실패했지만, 삼손을 이 땅에 보내신 하나님은 실패하시지 않았습니다. 두 눈이 뽑히고 감옥에 갇혀 있던 삼손을 찾아오셔서 그를 회복시켜 주셨고 믿음의 사람으로 세워 주셨습니다. 실패한 삼손에게만 은혜를 베푸신 것이 아니었습니다. 삼손의 실패한 삶을 통해서 여전히 죄 가운데 살며 하나님을 버린 이스라엘 백성에게 하나님은 말로 형용할 수 없는 은혜를 베풀어 주셨습니다.

하나님의 마음에 있는 이스라엘

처음부터 삼손의 사명은 이스라엘을 블레셋에게서 완전히 구원하는 것이 아니었습니다. 그는 구원의 시작을 알리기 위해 보냄을 받았습니다.

그가 블레셋 사람의 손에서 이스라엘을 구원하기 시작하리라 _
삿 13:5

삼손이 거둔 모든 승리는 개인의 원한으로 시작되었고 개인의 복수로 끝났습니다. 결혼이 발단이 되어 홧김에 사람들을 죽였고 복수를 위해 또 사람들을 죽였습니다. 모든 일을 감정적으로 생각하고 즉흥적으로 행동했습니다. 자신의 행동을 되돌아보기보다는 남에게 원망을 퍼부으며 무분별하게 행동했습니다. 그 결과는 처참했습니다. 이처럼 육체적 쾌락을 추구하고 분노를 조절하지 못하며 자신을 돌아보지 못했던 삼손은 미성숙한 사람이었습니다.

그러나 충동적인 감정과 미성숙한 판단으로 저지른 모든 일들도 하나님의 주권적인 섭리 아래 있었습니다. 사랑을 갈망했던 삼손의 삶은 하나님의 섭리 안에서 블레셋에게서 이스라엘을 구원하는 도구와 방법으로 쓰였습니다. 사사기 기자는 이 점을 미리 밝혔습니다.

> 그러나 그의 아버지와 어머니는 삼손이 블레셋 여인과 결혼하려
> 는 것이 기회를 엿보아서 블레셋 사람을 치려 했던 여호와께로
> 부터 나온 것인지를 몰랐습니다. 그때에 블레셋 사람이 이스라
> 엘을 다스리고 있었습니다 _삿 14:4[71]

하나님은 삼손의 부적절함과 그의 기질까지 사용하시면서
이스라엘을 구원하시기 위해 일하고 계셨습니다.

이 모든 일들은 이스라엘 백성이 여전히 우상을 숭배하며 하
나님을 찾지 않았을 때 일어났습니다. 블레셋에게 큰 고통을 당
했지만, 이스라엘 백성은 하나님을 찾지 않았습니다. 아무리 작
은 고통이라고 해도 고통은 누구에게나 견디기 힘듭니다. 어떻
게 해서라도 고통에서 벗어나려고 발버둥 치는 것이 당연합니
다. 그런데 그 당연한 것을 이스라엘 백성은 하지 않았습니다.
잘살기 위해 우상을 섬겼지만 그로 말미암아 고통을 당했습니
다. 그러나 고통을 당하면서도 하나님을 찾지 않았습니다. 우상
을 숭배한 것 때문에 고통을 당했지만 여전히 우상이 자신들을
도와줄 것이라고 믿었습니다. 그런 자신들의 생각이 옳다고 믿

---

71 히브리어 원문을 원어와 문맥에 따라 필자가 번역한 것입니다.

으며 살았습니다.

그럼에도 불구하고 이스라엘 백성을 향한 하나님의 사랑은 변함이 없었습니다. 그래서 삼손을 보내 이스라엘을 구원할 계획을 세우셨습니다. 팀 켈러는 이와 같은 하나님의 섭리를 하나님의 은혜이며 사랑이라고 말했습니다.

성경의 메시지는 하나님의 은혜를 구하지도 않고 자격도 없고 하나님의 은혜를 반복해서 받고 또 받은 뒤에도 감사하지 않는 하나님의 백성에게 변함없이 그리고 지속적으로 주시는 하나님의 은혜입니다.[72]

사사 삼손의 마음에는 이스라엘이 들어설 자리가 없었습니다. 그러나 하나님의 마음은 이스라엘로 꽉 차 있었습니다. 하나님의 눈에는 이스라엘 백성만 보였습니다. 비록 회개하지 않고 계속해서 우상을 섬기며 하나님을 떠나려 했던 이스라엘 백성이었지만, 하나님은 이스라엘 백성을 끝까지 사랑하셨습니다. 이스라엘 백성이 사랑스러워서 사랑하신 것은 아니었습니다. 이스라엘 백성이 사랑을 받을 만한 조건을 가졌기 때문에 사랑하신 것도 아니었습니다. 하나님이 처음부터 일방적으로

---

72 Timothy J. Keller, "The Silent Sovereignty of God: Esther 2:5–10, 16–23", preached April 15, 2007[CD], 필자 번역.

이스라엘 백성을 사랑하셨습니다.

> 여호와께서 너희를 기뻐하시고 너희를 택하심은 너희가 다른 민족보다 수효가 많기 때문이 아니니라 너희는 오히려 모든 민족 중에 가장 적으니라 여호와께서 다만 너희를 사랑하심으로 말미암아 … _신 7:7-8

조건 없이 먼저 이스라엘을 사랑하신 하나님은 반복해서 죄를 짓던 이스라엘 백성을 포기하실 수 없었습니다. 이스라엘이 우상을 섬기며 하나님을 떠났을 때, 블레셋과 같은 주변 민족이 이스라엘에게 큰 고통을 주도록 허락하셨습니다. 이 큰 고통 때문에라도 다시 하나님께 돌아오기를 간절히 기다리셨습니다. 유산을 받아 집을 뛰쳐나간 탕자를 집 앞에서 매일 기다리던 아버지의 마음으로 이스라엘 백성이 전심으로 하나님께 돌아오기를 기다리고 또 기다리셨습니다. 그래서 영적으로 가장 어두운 때, 삼손을 이스라엘의 사사로 보내셔서 이스라엘의 구원을 시작하셨습니다.

사도 바울은 이스라엘을 향한 하나님의 변치 않는 사랑이 우리에게도 동일하게 임했다는 사실을 분명히 말하고 있습니다.

기록된 바 의인은 없나니 하나도 없으며 깨닫는 자도 없고 하나

님을 찾는 자도 없고 다 치우쳐 함께 무익하게 되고 선을 행하는
자는 없나니 하나도 없도다 _롬 3:10-12

이처럼 모든 사람이 죄를 범하여 하나님의 영광에 이를 수
없을 때, 하나님은 죄인인 우리를 먼저 사랑하셨고 예수 그리스
도를 통해 그 사랑을 보여 주셨습니다.

우리가 아직 죄인 되었을 때에 그리스도께서 우리를 위하여 죽
으심으로 하나님께서 우리에 대한 자기의 사랑을 확증하셨느니
라 _롬 5:8

삼손은 실패했지만, 이스라엘을 구원하시는 하나님은 절대
로 실패하시지 않았습니다. 우리는 실패하지만, 우리를 구원하
시는 하나님은 절대로 실패하시지 않습니다.

우리를 향한 하나님의 큰 그림

사람은 한 치 앞의 일도 알지 못합니다. 그래서 잘못 판단하
기도 하고 실수하기도 합니다. 삼손처럼 잘나고 능력이 있는 사
람도 실수하고 실패했습니다. 우리라고 다르지 않습니다. 그러

나 하나님은 온 우주 만물을 다스리시며 모든 인간의 삶을 알고 계십니다. 모든 것을 합력하여 선을 이루시는 하나님이 당신의 뜻과 계획 가운데 우리를 이끌고 계십니다. 그래서 우리 인생을 향한 하나님의 '큰 그림'(big picture)을 알아야 합니다.

만약 우리를 이끄시는 하나님이 우리보다 못한 분이라면 우리가 믿음의 길을 가는 것은 모순이고 잘못된 선택입니다. 그러나 우리가 믿는 하나님이 전지전능하신 분이라면 우리가 어떤 삶의 정황 가운데 있더라도 하나님을 믿으며 따라가는 것이 맞습니다. 수많은 믿음의 조상들이 하나님의 선하신 인도하심을 믿고 푯대를 향하여 달려 나갔습니다. 어떤 상황 가운데서도 믿음의 길을 포기하지 않았습니다.

이러므로 우리에게 구름같이 둘러싼 허다한 증인들이 있으니 모든 무거운 것과 얽매이기 쉬운 죄를 벗어 버리고 인내로써 우리 앞에 당한 경주를 하며 믿음의 주요 또 온전하게 하시는 이인 예수를 바라보자 그는 그 앞에 있는 기쁨을 위하여 십자가를 참으사 부끄러움을 개의치 아니하시더니 하나님 보좌 우편에 앉으셨느니라 _히 12:1-2

살다 보면 우리의 삶이 마치 긴 터널을 지나는 것처럼 느껴질 때가 있습니다. 이제 막 터널에 들어선 것처럼 느껴질 수도 있고, 터널의 가운데를 지나고 있는 것처럼 느껴질 수도 있습니다. 아니면 이제 거의 터널을 빠져나간 것처럼 느껴질지도 모릅니다. 우리가 인생 터널의 어느 지점을 지나고 있든지 반드시 기억해야 할 것은 전지전능하신 하나님이 눈동자처럼 우리를 지키신다는 사실입니다.

> 주께 피하는 자들을 그 일어나 치는 자들에게서 오른손으로 구원하시는 주여 주의 기이한 사랑을 나타내소서 나를 눈동자같이 지키시고 주의 날개 그늘 아래에 감추사 내 앞에서 나를 압제하는 악인들과 나의 목숨을 노리는 원수들에게서 벗어나게 하소서
> _시 17:7-9

우리의 신체 중에 가장 빨리 반응하는 것이 눈동자라고 합니다.[73] 시편 기자는 하나님이 우리의 모든 상황을 가장 먼저 아시고 가장 먼저 반응하셔서 우리를 지키시고 보호하신다는 것을 확신하며 기도했습니다.

오늘 우리의 삶도 마찬가지입니다. 반복해서 우상을 섬기는 이스라엘을 포기하지 않으시고 사랑하신 하나님! 실패한 삼손

---

[73] Catherine Kolf, "Fast Eye Movements: A Possible Indicator of More Impulsive Decision-Making", *Johns Hopkins Medicine News and Publications*, 2019년 3월 19일 접속. https://www.hopkinsmedicine.org/news/media/releases/fast_eye_movements_a_possible_indicator_of_more_impulsive_decision_making.

을 포기하지 않으시며 그를 통해 일하셨던 하나님! 마찬가지로 하나님은 우리를 사랑하시며 결코 포기하시지 않습니다. 때로는 우리의 모습이 개떡 같고 세상에서 소망 없이 사는 것처럼 보일지라도, 하나님은 그런 우리를 여전히 사랑하십니다. 하나님의 자녀인 우리를 절대로 포기하시지 않습니다. 그래서 우리를 돌아오게 하시기 위해서 때로는 우리 주변에 블레셋과 같은 사람을 보내시기도 합니다. 혹시 반복되는 고난 가운데 거하고 계십니까? 여전히 하나님의 은혜와 사랑을 받고 있음을 기억해야 합니다. 때가 되면 반드시 하나님이 이끄시는 소망의 날을 맞이할 것입니다.

스터디 가이드

사도 바울은 "의인은 없나니 하나도 없으며 깨닫는 자고 없고 하나님을 찾는 자도 없고 다 치우쳐 함께 무익하게 되고 선을 행하는 자는 없나니 하나도 없도다"(롬 3:10–12)라고 말했습니다. 그래서 모든 사람이 죄를 범하였으며 하나님의 영광에 이를 자가 없다고 말했습니다(롬 3:23). 그럼에도 불구하고 하나님의 마음은 언제나 죄인을 향해 있었습니다. 사도 바울은 "우리가 아직 죄인 되었을 때에 그리스도께서 우리를 위하여 죽으심으로 하나님께서 우리에 대한 자기의 사랑을 확증하셨느니라"(롬 5:8)고 말했습니다. 그렇습니다. 하나님은 죄인을 사랑하셔서 그 아들 독생자 예수 그리스도를 이 땅에 보내 주셨습니다. 이보다 더 큰 사랑과 은혜는 없습니다.

1. 이스라엘 백성이 경험한 큰 고통과 절망이 어떤 점에서 하나님의 은혜이며 사랑인지 팀 켈러의 말을 참고해서 나눠 보십시오.

2. 하나님은 이스라엘 백성을 구원하도록 삼손을 보내셨지만, 삼손의 마음은 여인을 향한 사랑으로만 가득했습니다. 그러나 하나님의 마음은 이스라엘을 향한 사랑으로 가득 차 있었습니다. 이스라엘이 변함없는 하나님의 사랑을 받을 수 있었던 이유는 무엇입니까? (신 7:6-8)

3. 삼손의 실패가 어떤 이유에서 이스라엘을 향한 하나님의 사랑으로 설명
   될 수 있는지 나눠 보십시오.

4. 세상을 살아가면서 우리가 당하는 고난을 하나님의 은혜와 섭리의 차원
   에서 어떻게 이해할 수 있습니까?

10
하나님의 부르심

삼손을 생각할 때마다 항상 궁금했던 것이 하나 있었습니다. '왜 하나님은 삼손을 종신 나실인으로 선택하셨고 동시에 왜 그에게 사사의 사명을 주셨을까?' 나실인이며 동시에 적으로부터 나라를 구해야 할 사사로 사는 것은 왠지 불편한 동행이라는 생각이 들었습니다. 그럼에도 불구하고 하나님이 삼손을 나실인으로 부르시고 동시에 그가 사사의 사명을 감당하길 원하셨다면, 우리가 생각하지 못했던 하나님의 특별한 계획이 있는 것이 분명합니다.

나실인 사사에 대한 하나님의 기대

역사는 이미 지나 버린 과거이기 때문에 '만약'이라는 가정을 설정하는 것 자체가 무의미할 수 있습니다. 그럼에도 불구하고

'만약'이라는 질문에 답을 하려면, 지금까지 생각하지 못했던 것도 고려해 봐야 합니다. 만약 삼손이 나실인이며 사사로서 성공적인 삶을 살았다면, 그 결과는 어떻게 되었을까요? 그랬다면 이스라엘 백성이 기억하는 삼손의 마지막 모습은 매우 달라졌을 것입니다.

그렇다면 삼손이 나실인과 사사로서 잘 살 수 있는 방법은 없었을까요? 나실인으로 살면서 사사의 사명을 감당한다는 것은 한쪽을 배제하는 선택의 문제가 아닙니다. 함께하는 조화의 문제이고 우선순위의 문제로 이해를 해야 합니다. 삼손과 동시대인이며 역시 나실인이고 사사였던 사무엘은 삼손에게 기대하셨던 하나님의 뜻을 분명하게 보여 주고 있습니다.

삼손과 사무엘의 시대

사무엘은 사사기가 아닌 사무엘상에 등장합니다. 그러나 사무엘 역시 이스라엘의 사사였습니다(삼상 7:15-8:1; 행 13:20). 사무엘은 이스라엘의 왕을 세우고 통일 왕국의 기초를 닦으며 사사 시대와 왕정 시대를 이어 주는 핵심인물이었습니다. 그래서 사무엘의 이야기는 사사 시대를 기록한 사사기가 아니라 왕정 시대를 설명하고 있는 사무엘상에 등장하고 있습니다.

그래서 삼손과 사무엘은 전혀 다른 시대를 살았던 것으로 생각하기 쉽습니다. 그러나 삼손과 사무엘은 동시대인이었습니다.

삼손과 사무엘의 이야기에 나오는 몇 가지 퍼즐 조각들을 살펴보면 삼손과 사무엘이 최소한 몇 년 동안은 동시대인으로서 이스라엘이라는 한 지붕 아래 살았다는 사실을 알 수 있습니다.[74]

삼손은 블레셋이 이스라엘을 억압하던 40년 가운데 20년을 사사로 지냈습니다(삿 13:1; 15:20; 16:31). 사무엘상에는 엘리 제사장이 등장하는데, 엘리 제사장 역시 사사로 40년 동안 이스라엘을 다스렸습니다(삼상 4:18). 엘리 제사장이 죽기 바로 전에 블레셋이 이스라엘을 크게 이기고 하나님의 궤를 빼앗아 갔습니다. 이 사건은 삼손의 죽음 이전에 일어난 것으로 보입니다. 삼손은 다곤 신전에서 블레셋의 모든 방백들과 삼천 명이 넘는 사람들을 죽였습니다. 따라서 다곤 신전을 무너뜨린 사건이 엘리 제사장이 죽기 바로 전에 일어났다면, 전력이 현저하게 약해진 블레셋이 이스라엘을 크게 이기기는 어려웠을 것으로 보입니다. 따라서 삼손이 다곤 신전을 무너뜨리기 전에 블레셋이 이스라엘을 크게 이겨서 하나님의 궤를 빼앗았을 것입니다. 그리고 이 소식을 들은 엘리 제사장이 죽었습니다. 따라서 삼손은

---

74 삼손과 사무엘의 정확한 연대를 추정하는 것은 쉽지 않습니다. NIV 고고학 스터디 바이블은 여호수아의 죽음을 BC 1390으로 보고, 사사의 통치 시작을 BC 1375으로 보고 있습니다. 그리고 사무엘의 출생을 BC 1105으로 보고, 삼손의 사사로서의 통치 기간을 BC 1075-1055으로 잡고 있습니다. NICOT(New International Commentary on the Old Testament)은 삼손을 BC 12세기 사람으로 보고 엘리 제사장은 BC 11세기 사람으로 보고 있습니다. Bible Works(성경 프로그램)은 삼손의 사사로서의 통치 기간을 BC 1110-1080 중에 20년으로 보고 있고, 사무엘은 BC 1070경 사람으로 보고 있습니다. 이처럼 실제로 몇몇 주석들은 삼손과 사무엘의 연대에 대해 다른 의견을 내놓고 있습니다. 그러나 삼손과 사무엘이 비슷한 연대에 활동했던 나실인이며 사사였다는 점에서는 동일한 의견을 내고 있습니다.

엘리 제사장이 죽은 뒤에 다곤 신전을 무너뜨리며 함께 죽었다고 볼 수 있습니다.

한편 블레셋에게 빼앗겼던 여호와의 궤는 블레셋 지역을 떠돌다가 기럇 여아림으로 돌아와서 20년 동안 있으면서 이스라엘 백성의 마음을 서서히 하나님께로 돌렸습니다. 이 무렵에 사무엘이 엘리를 이어 사사로서 이스라엘을 이끌었습니다(삼상 4:18; 7:15-17). 사무엘이 미스바에서 온 이스라엘 백성을 모아 하나님께 돌아갈 것을 촉구하며 말씀으로 이끌자 이스라엘 백성은 우상을 버리고 하나님께 돌아왔습니다(삼상 7:3-6). 그때 블레셋이 이스라엘을 공격하러 올라왔지만, 오히려 이스라엘이 블레셋을 크게 이겼습니다. 그리고 마침내 이스라엘에 평화가 찾아왔습니다. 이때가 블레셋의 40년 통치가 끝나는 시점입니다(삼상 7장).

블레셋 통치			10	10	10	10		
삼손의 통치(20년)				←→				
엘리의 통치(40년)		←			→			
사무엘의 통치						←		→

〈표 1. 세 사사의 통치 기간〉[75]

---

75 정확한 연대를 알 수 없지만, 엘리, 삼손, 사무엘이 살았던 시대를 이해하기 위해서 사사로 언급된 기간만 간략하게 살펴본 것입니다. 따라서 엘리, 삼손, 사무엘이 실제 살았던 시간과 통치 기간으로 표시된 부분은 실제와 차이가 날 수 있습니다.

따라서 엘리 제사장이 죽고 사무엘이 이스라엘을 이끌던 어느 날 삼손이 다곤 신전을 무너뜨렸다면, 삼손과 사무엘은 나실인이며 사사로서 동시대에 살았다고 볼 수 있습니다.[76] 가장 절망적인 시대에 이스라엘을 블레셋의 손에서 '구원하기 시작할 사사'로 삼손이 먼저 세움을 받았다면, 사무엘은 가장 절망적인 시대에 이스라엘을 블레셋의 손에서 '완전히 구원할 사사'로 보냄을 받았습니다.

나실인 사무엘

삼손이 종신 나실인이며 사사로 보냄을 받은 것처럼, 사무엘 역시 종신 나실인으로서 사사의 역할을 감당했습니다. 종신 나실인으로서 삼손과 사무엘의 차이점은 서원의 주체였습니다. 삼손은 하나님께 나실인으로 선택을 받은 반면, 사무엘은 어머니 한나에 의해 나실인으로 하나님께 드려졌습니다. 삼손의 어머니처럼 자식이 없었던 한나는 간절한 마음으로 하나님께 기도했습니다. 하나님이 아들을 주신다면, 그 아들을 종신 나실인으로 하나님을 섬기게 하겠다고 서원했습니다.

---

76 랄프 클레인, 『WBC 성경 주석: 사무엘상』, 김경열 역(서울: 솔로몬, 2004), 44. 제사장 엘리는 이스라엘의 사사로 40년간 살다가 98세에 죽었습니다(삼상 4:18). 참고. 김진섭, "어떻게 설교할 것인가", 『주제별 설교 시리즈: 리더십』, 이형기 편, 7월호, 통권 289호(서울: 두란노, 2013), 45.

한나가 마음이 괴로워서 여호와께 기도하고 통곡하며 서원하여
이르되 만군의 여호와여 만일 주의 여종의 고통을 돌보시고 나
를 기억하사 주의 여종을 잊지 아니하시고 주의 여종에게 아들
을 주시면 내가 그의 평생에 그를 여호와께 드리고 삭도를 그의
머리에 대지 아니하겠나이다 _삼상 1:10-11

비록 나실인이 된 과정은 다르지만, 삼손처럼 사무엘 역시
어머니 배 속에서부터 나실인으로 구별되었고, 평생 나실인으
로 살아야 했습니다.

사무엘은 나실인으로서 어떻게 살았을까요? 삼손의 경우처
럼, 사무엘이 포도주와 독주를 마셨는지는 성경에 기록되어 있
지 않습니다. 다만 엘리 제사장이 죽은 뒤에 사무엘은 사사이면
서 동시에 제사장의 직분도 수행했기 때문에 포도주와 독주를
마시지 않았을 것으로 보입니다. 또한 아말렉 왕 아각을 죽인
것을 제외하고 사무엘은 의도적으로 시체를 가까이 하지 않았
습니다. 무엇보다 미스바에서 블레셋과 싸울 때, 사무엘은 전쟁
을 직접 이끌기보다는 하나님께 번제를 드리며 기도로 이스라
엘의 승리를 이끌었습니다.

그렇다면 사무엘은 왜 아각왕을 직접 죽이면서까지 나실인
의 규율을 어겼을까요? 그런데 사무엘이 아각왕을 죽인 사건은
하나님께 구별된 나실인으로서 사무엘이 어떻게 살았는지를 확

실하게 보여 주었습니다. 사무엘은 아말렉을 진멸하라는 하나
님의 명령을 어긴 사울왕에게 이렇게 경고했습니다.

> 사무엘이 이르되 여호와께서 번제와 다른 제사를 그의 목소리를
> 청종하는 것을 좋아하심같이 좋아하시겠나이까 순종이 제사보
> 다 낫고 듣는 것이 숫양의 기름보다 나으니 이는 거역하는 것은
> 점치는 죄와 같고 완고한 것은 사신 우상에게 절하는 죄와 같음
> 이라 왕이 여호와의 말씀을 버렸으므로 여호와께서도 왕을 버려
> 왕이 되지 못하게 하셨나이다 _삼상 15:22-23

사울왕은 아말렉을 진멸하지 않았습니다. 대신 보기에 좋은
것들과 아각왕을 살려 두었습니다. 이때 사무엘은 "순종이 제사
보다 낫고 듣는 것이 수양의 기름보다" 낫다고 말했습니다. 그
리고 하나님이 사울왕을 버리셨음을 선포하고 아각왕을 직접
칼로 죽였습니다(삼상 15:32-33). 아각왕을 죽인 사무엘의 행동
은 하나님의 명령을 따른 절대적인 순종의 결과였습니다. 다시
말해 나실인이었던 사무엘은 하나님의 마음을 알았고 하나님의
명령에 순종하는 것을 나실인의 규율을 지키는 것보다 더 중요
하게 생각했습니다. 그래서 시체를 가까이 하지 말아야 하는 나
실인의 규율을 스스로 어기면서까지 아각왕을 칼로 직접 죽였
습니다.

성경에 기록되어 있지는 않지만, 사무엘은 나실인 규율에 따라 정결 예식을 행하고 스스로 머리를 밀었을 것입니다. 정결 예식을 행하고 머리를 밀고 다시 나실인으로 살았다면, 사무엘이 가졌던 나실인 정체성은 전혀 문제 될 것이 없습니다. 오히려 사무엘은 하나님의 뜻을 행하며 하나님 편에 서 있던 나실인으로 인정을 받으며 살았습니다. 하나님은 그런 나실인 사무엘을 인정하셨고, 하나님의 말씀이 희귀하던 때였지만 사무엘이 죽는 날까지 그와 친히 함께하셨습니다.

사사 사무엘

나실인의 규율을 철저하게 지키며 살았던 사무엘은 사사로서도 성공한 삶을 살았을까요? 초자연적인 힘을 가졌던 삼손도 사사로서 실패했는데, 특별한 능력도 없어 보이는 사무엘은 삼손도 이루지 못한 이스라엘의 구원이라는 사명을 이룰 수 있었을까요? 우리는 이 질문이 기우(杞憂)인 것을 이미 알고 있습니다. 사무엘상에 이 결론은 이미 명확히 나와 있습니다.

블레셋은 이스라엘 백성이 미스바에 모였다는 소식을 듣고 이스라엘을 치러 올라왔습니다(삼상 7:7). 40년 동안 블레셋에게 억압과 착취를 당했던 이스라엘 백성은 블레셋을 보고 두려움에 떨었습니다. 그러나 백성은 더 이상 두려움 때문에 좌절하지 않았습니다. 오히려 사무엘에게 하나님께 쉬지 말고 부르짖어 기도할 것을 요구했습니다.

> 이스라엘 자손이 미스바에 모였다 함을 블레셋 사람들이 듣고
> 그들의 방백들이 이스라엘을 치러 올라온지라 이스라엘 자손들
> 이 듣고 블레셋 사람들을 두려워하여 이스라엘 자손이 사무엘에
> 게 이르되 당신은 우리를 위하여 우리 하나님 여호와께 쉬지 말
> 고 부르짖어 우리를 블레셋 사람들의 손에서 구원하시게 하소서
> _삼상 7:7-8

가장 절망적인 고통 가운데서도 하나님을 찾지 않았던 이스라엘 백성이 드디어 하나님을 찾기 시작했습니다. 사무엘이 이스라엘 백성에게 하나님의 말씀을 가르치자 백성들은 자신들의 죄를 깨달았습니다. 그토록 하나님을 향해 꼭꼭 닫아 두었던 이스라엘 백성의 마음이 하나님을 향해 열렸습니다. 그리고 하나님 앞에 철저하게 죄인 됨을 고백하기 시작했습니다.

> 사무엘이 이르되 온 이스라엘은 미스바로 모이라 내가 너희를
> 위하여 여호와께 기도하리라 하매 그들이 미스바에 모여 물을
> 길어 여호와 앞에 붓고 그날 종일 금식하고 거기에서 이르되 우
> 리가 여호와께 범죄하였나이다 하니라 사무엘이 미스바에서 이
> 스라엘 자손을 다스리니라 _삼상 7:5-6

이처럼 은혜를 받으려면 말씀과 회개가 있어야 합니다. 지도자가 말씀으로 백성을 가르치고 이끌면, 백성들은 하나님이 주시는 은혜를 받게 되어 있습니다. 말씀이 심령을 변화시키기 때문입니다. 말씀이 죄인 됨을 깨닫게 합니다. 진정한 회개는 말씀으로부터 나옵니다. 회개는 하나님의 은혜를 누리는 첫 걸음입니다. 그래서 회개 없이는 하나님의 은혜를 온전히 누릴 수 없습니다.

1907년에 평양에서 일어났던 대각성 운동 역시 회개로부터 시작되었습니다. 선교사가 자신의 잘못을 회개했습니다. 장로와 목사가 자신의 잘못을 회개했습니다. 그리고 온 성도가 거짓과 죄로 가득했던 삶을 회개하며 하나님께 나왔습니다. 그때 시작한 회개 운동이 영적 대각성 운동의 모판이 되었습니다. 그 결과 한국 교회는 세계에서 유래를 찾아보기 힘들 정도로 놀랍게 성장했습니다. 어느 시대를 막론하고 하나님의 은혜는 말씀과 회개로부터 시작한다는 것을 기억해야 합니다.

자신들을 위해 하나님께 쉬지 말고 기도해 달라는 백성들의 요구에 사무엘은 하나님께 온전한 번제를 드렸습니다. 그리고 이스라엘의 구원을 위해 간절히 부르짖었습니다(삼상 7:8-9). 사무엘이 하나님께 번제를 드릴 때, 블레셋 군대가 이스라엘 백성에게 더 가까이 다가왔습니다. 그때 하나님은 블레셋 군대에게 큰 우레를 발하여 그들을 어지럽게 하심으로 블레셋이 이스라엘 앞에서 패하게 하셨습니다. 마침내 오랫동안 사라졌던 평화가 이스라엘 가운데 임했습니다(삼상 7:8-14).

사사 사무엘은 블레셋과의 전쟁을 앞두고 하나님께 온전히 제사를 드리며 간절히 기도했습니다. 이스라엘 백성이 광야에서 아말렉과 싸울 때 모세가 높은 산에 올라가서 하나님께 두 손을 올리며 기도했던 것처럼(출 17:8-16), 사무엘은 사사로서 이스라엘의 승리를 위해 하나님께 간절히 기도했습니다.

사무엘은 다른 사사들처럼 전쟁에 직접 나가 적군을 물리치지는 않았습니다. 삼손처럼 큰 힘을 가진 것도 아니었습니다. 다만 사무엘은 언제나 하나님 앞에 있었습니다. 하나님께 엎드렸습니다. 하나님께 구별된 자로서 하나님을 찾았습니다. 하나님께 제사를 드렸고 하나님께 기도하며 은혜를 구했을 뿐입니다.

나실인 사사의 삶

사무엘은 하나님의 마음을 알았습니다. 그래서 나실인인 자신이 어떻게 살아야 하는지 알고 있었습니다. 사사 사무엘은 구원이 하나님께로부터 나온다는 사실을 알았기에 하나님의 은혜를 간절히 구하며 이스라엘을 이끌었습니다. 그 결과 사무엘은 직접 전쟁에 나가 블레셋 사람들을 죽이지는 않았지만 이스라엘을 블레셋의 손에서 완전히 구원했습니다. 이스라엘을 적국의 손에서 구원해야 하는 사사의 사명을 훌륭하게 완수했습니다.

우리는 흔히 전쟁에서 이기기 위해 사사에게 뛰어난 능력이 있어야 한다고 생각합니다. 그러나 자신이 가지고 있던 능력으로 이스라엘을 구원한 사사는 단 한 명도 없었습니다. 바락, 기드온, 입다도 하나님이 전쟁을 이끌어 주셨기 때문에 승리할 수 있었습니다. 그들이 하나님의 명령에 순종하며 믿음을 가지고 나아갈 때, 하나님이 먼저 나가서 싸우셨고 이스라엘 백성에게 승리를 주셨습니다. 그래서 히브리서 기자는 사사들이 자신의 능력이 아니고 '믿음으로' 나라를 구했다고 말했습니다(히 11:32-33). 이런 점에서 하나님께 온전히 구별되어 살았던 나실인 사사 사무엘의 삶은 삼손의 삶과 매우 달랐습니다. 그리고 그 결과도 완전히 달랐습니다.

나실인 사사 삼손과 그리스도인

우리는 이 질문을 다시 생각해 봐야 합니다. '만약 전쟁에서 블레셋 사람들을 죽였기 때문에 부정하게 되어서 삼손이 머리털을 밀었다면, 그의 힘은 없어졌을까요?' 다곤 신전에서 하나님의 응답으로 삼손이 다시 초자연적인 힘을 발휘한 것을 보면,

단순히 긴 머리털을 잘랐기 때문에 힘이 사라진 것은 아니었습니다. 만약 삼손이 하나님께 구별된 나실인으로 살려고 몸부림을 치다가 부정하게 되고, 그래서 정결 예식을 행하고 머리털을 밀었다고 해도 삼손은 여전히 초자연적인 힘을 가지고 있었을 것입니다. 오히려 삼손이 나실인으로서 철저하게 구별된 삶을 살고 하나님의 명령에 순종했다면, 삼손은 두 눈이 뽑히지 않고도 사사로서 블레셋을 괴롭히며 사사의 역할을 감당할 수 있었을 것입니다.

그러나 삼손은 하나님께 구별된 나실인임을 인식하지 못했고, 단순히 자신의 힘을 지키기 위해 반쪽짜리 나실인으로 살았기 때문에 그는 실패할 수밖에 없었습니다. 아무리 하나님의 계시를 받아 특별하게 태어났고 아무리 탁월한 능력을 소유했다 하더라도 나실인으로 사는 것에 실패했습니다. 오히려 자신의 눈에 아름다운 것을 좇으며 살았습니다. 그 결과 삼손은 나실인으로 실패했고 사사로서도 실패했습니다.

이제 하나님이 삼손을 나실인이며 사사로 이 땅에 보내신 이유가 분명해졌습니다. 종신 나실인으로서의 자기 정체성을 버리고 하나님께 구별된 자로 살지 못하면, 아무리 뛰어난 능력이 있어도 실패할 수밖에 없다는 것을 우리는 삼손의 삶을 통해서 확인합니다. 그러나 삼손이 나실인으로서의 정체성을 지키며 살았다면, 사무엘처럼 삼손 역시 나실인이며 사사로서도 좋은 결말을 맺었을 것입니다.

한편 이런 삼손의 실패는 우리에게 매우 중요한 사실을 가르쳐 주고 있습니다. 태어나기 전부터 종신 나실인으로 부름받은 삼손처럼, 그리스도인인 우리 역시 창세전에 그리스도 안에서 하나님께 택함을 받았습니다.

> 창세전에 그리스도 안에서 우리를 택하사 우리로 사랑 안에서 그 앞에 거룩하고 흠이 없게 하시려고 그 기쁘신 뜻대로 우리를 예정하사 예수 그리스도로 말미암아 자기의 아들들이 되게 하셨으니 이는 그가 사랑하시는 자 안에서 우리에게 거저 주시는바 그의 은혜의 영광을 찬송하게 하려는 것이라 _엡 1:4-6

삼손이 존재하기 전부터 그를 나실인으로 부르신 하나님은 동일한 방법으로 창조 전부터 우리를 부르셨습니다. 하나님이 창세전부터 구별하셔서 우리로 하여금 거룩하고 흠이 없이 살며, 궁극적으로 하나님이 주신 은혜의 영광을 찬송하며 살게 하셨습니다. 따라서 종신 나실인이었던 삼손과 사무엘처럼, 우리도 하나님께 구별된 자로서 어떻게 살아야 하는지 고민해야 합니다. 하나님이 주신 능력을 가지고 성공하기 위해 노력하는 것도 중요하고 필요하지만, 세상에서 하나님께 구별된 하나님의 자녀로 살기 위해 몸부림치는 것이 더 중요합니다. 이것을 위해서 우리가 누구인지 제대로 알아야 합니다. 그리스도인으로서의 정체성을 기억하며 살아야 합니다. 그러면 삶이 달라집니다.

요한복음 15장을 보면, 예수님은 그리스도인을 포도나무인 당신에게 붙어 있는 가지라고 말씀하셨습니다. 가지가 포도나무에 붙어 있지 않으면 스스로 과실을 맺을 수도 없고, 결국 그 가지는 나무에서 잘리고 밖에 버려져서 불태워집니다. 여기서 눈여겨봐야 할 것은 가지가 과실을 맺는 방법입니다. 가지가 과실을 맺기 위해서 스스로 땅속까지 가지를 뻗어서 영양분을 얻을 수는 없습니다. 가지는 포도나무에 붙어 있기만 하면, 나무를 통해서 자연스럽게 영양분을 공급받고 때가 되면 과실을 맺게 됩니다. 이것이 자연의 이치입니다.

그리스도인이 세상을 살 때, 반드시 기억해야 할 중요한 삶의 원리이기도 합니다. 과실을 맺기 위해서 가지가 포도나무에 붙어 있어야 하는 것처럼, 그리스도인은 예수 그리스도에게 붙어 있어야 합니다. 예수 그리스도에게 붙어 있는 모습이 우리의 정체성입니다. 그래서 우리는 '그리스도인'이라 불립니다. 따라서 예수님이 없으면 우리가 누구인지 도저히 설명할 방법이 없습니다. 하나님께 구별된 나실인이 삼손의 정체성이었던 것처럼, 예수 그리스도로 말미암아 우리는 그리스도인이라는 정체성을 갖게 되었습니다. 예수 그리스도의 생명을 소유한 새로운 피조물이 우리의 정체성입니다. 따라서 우리가 그리스도인임을 기억하지 못하고 그리스도인으로서의 정체성을 지키지 못하고 산다면, 삼손처럼 아무리 뛰어난 능력을 가졌다 하더라도 우리 역시 실패할 수밖에 없습니다.

세상은 능력이 있어야 성공한다고 가르치고 더 높이 올라가려면 실력을 키워야 한다고 말합니다. 능력과 실력 모두 중요합니다. 그러나 한 가지를 기억해야 합니다. 능력이 있어도 그리스도인의 정체성을 잊고 살면 그 인생은 실패한 것입니다. 성공을 하고 아무리 많은 것을 누린다고 해도 하나님을 떠난 삶은 실패할 수밖에 없습니다. 아무리 세상 사람들이 인정해 줘도 하나님이 인정하시지 않으면 실패한 인생일 뿐입니다. 그러나 하나님이 인정하시고 하나님 손에 붙들리면 그 인생은 반드시 성공할 수 있습니다.

실력과 능력이 없어도 된다는 말이 아닙니다. 그리스도인의 정체성을 기억하며 하나님의 은혜를 구하지 않으면, 실력과 능력이 있어도 결국 실패합니다. 실력이 먼저일까요? 아니면 신앙이 먼저일까요? 당연히 신앙이 먼저입니다. 실력과 능력을 무시하면 안 되지만, 실력과 능력을 과신해서도 안 됩니다. 실력과 능력은 조금 부족할 수 있습니다. 그러나 신앙은 부족하면 안 됩니다. 실력과 능력이 조금 부족해도 은혜로 살아갈 수 있습니다. 사실 우리가 그렇지 않습니까? 잘하면 얼마나 잘하고, 못하면 얼마나 못합니까? 똑똑하면 얼마나 똑똑하고, 부족하면 얼마나 부족합니까? 그러나 우리가 누군지 모르고 믿음이 없으면 은혜조차 누릴 수 없다는 사실을 기억해야 합니다.

삼손의 삶은 이 사실을 아주 잘 보여 주고 있습니다. 눈을 들어 세상을 보십시오. 능력 있고 실력 많은 사람들은 사방에 널려 있습니다. 하나님을 모르더라도 돈 많고 능력도 있고 똑똑한 사람을 찾으려면 얼마든지 찾을 수 있습니다. 하나님이 우리에게 능력을 주셨습니까? 우리를 지도자로 세우셨습니까? 그렇다면 자신의 정체성부터 먼저 알아야 합니다. 우리의 삶은 바로 여기서부터 시작해야 합니다. 우리가 그리스도인이라는 사실을 알아야 '왜 살아야 하는지, 어떻게 살아야 하는지, 무엇을 하며 살아야 하는지?'에 대한 답을 찾을 수 있습니다.

하나님은 우리를 이 땅에 왜 보내셨습니까? 예수 그리스도로 말미암아 당신에게 구별된 우리에게 주신 사명을 이루며 살라고 보내셨습니다. 그렇다면 하나님이 주신 사명을 이루기 위해 어떻게 살아야 합니까? 무엇을 하며 그 사명을 이루어야겠습니까? 가장 기본적으로는 그리스도인의 정체성을 지키며 살아야 합니다. 그리고 어떤 상황에서도 하나님께 구별된 자임을 기억하며 살아야 합니다. 무슨 결정을 하더라도 하나님께 구별된 자로서 결정해야 합니다. 누구를 만나도 하나님께 구별된 자로서 만나야 합니다. 어떤 생각을 하더라도 하나님께 구별된 자로서 생각해야 합니다.

주변을 돌아보면, 삶이라는 것이 참 덧없게 느껴질 때가 많습니다. 갑작스런 병이나 죽음 앞에 인간의 연약함을 깨달을 수밖에 없습니다. 그럴 때마다 무엇을 위해 살아야 하는지 많이 고민됩니다. 정말 어려운 숙제입니다. 그럼에도 답은 '그리스도인'이라는 정체성에 있습니다. 예수 그리스도로 말미암아 하나님의 자녀 된 그리스도인으로 살아야 합니다.

혹시 지금까지 준비했던 계획과 꿈이 날아가서 낙심과 절망 가운데 있습니까? 아니면, 나름대로 열심을 내서 조금만 더 노력하면 계획한 것을 달성할 수 있습니까? 지금 가려고 하는 그곳이 '그리스도인'이 가야 하는 곳입니까? 하나님께 구별된 자가 가야 하는 길로 가고 있습니까? 혹시 하나님 없이 열심히 달려왔다면, 그래서 지금 그 자리에 서 있다면, 더 늦기 전에 진지하게 자신의 삶을 돌아보아야 합니다.

'당신은 능력이 많은 사사 삼손입니까?' 아니면 '하나님께 구별된 나실인 삼손입니까?' 솔직히 말해서 그리스도인이라는 정체성만 갖고 산다는 것이 쉽지 않습니다. 세상이 그렇게 호락호락하지 않습니다. 사람들은 그리스도인이라는 것보다 어떤 능력을 가지고 있고 어느 대학을 나왔느냐를 더 중요하게 여깁니다. 그래서 혼란스러울 때가 많이 있습니다.

그럼에도 불구하고 하나님을 믿는 믿음에서 흔들리지 말아야 합니다. 우리가 누구라는 사실을 기억하고 그에 걸맞은 삶을 살려고 몸부림칠 때 어떤 좌절과 혼동과 비난이 오더라도 흔들리지 말고 우리가 가야 할 길을 가야 합니다. 하나님의 말씀은 언제나 변함없는 사실이며 약속입니다. 우리가 하나님을 끝까지 의뢰하며 흔들리지 않을 때, 하나님은 우리를 평강에 평강으로 지켜 주신다고 약속하셨습니다.

> 주께서 심지가 견고한 자를 평강하고 평강하도록 지키시리니 이는 그가 주를 신뢰함이니이다 _사 26:3

정체성이 분명하면 삶의 모습도 달라집니다. 자신이 어디 있어야 할지 분명히 알게 되고, 그에 걸맞은 삶을 살려고 몸부림을 치게 되어 있습니다. 이 사실을 교회의 리더들이 분명히 알아야 합니다. 그래야 교회가 변합니다. 성도들에게 그리스도인 됨을 가르치고 그 믿음 안에 바로 서도록 인도하는 것이 참 목자의 모습입니다.

그리고 우리의 어머니들이 이 사실을 알아야 합니다. 어머니가 변해야 아이들이 신앙으로 자랍니다. 이것은 성경적으로도 맞을 뿐만 아니라 현실에서도 맞습니다. 어머니가 어떤 생각을 하고 어떤 교육을 시키는지에 따라 자녀는 변합니다. 사무엘의 어머니 한나처럼 젖을 먹는 아이를 보면서 기도하십시오. 이 아이가 하나님의 자녀임을 평생 기억하고 살 수 있도록 기도하면서 젖을 먹여야 합니다. 믿음의 길에서 떠나지 않도록 기도하며 양육해야 합니다.

그리고 우리의 아버지들이 이 사실을 기억해야 합니다. 아버지는 가정의 영적 리더입니다. 가정의 리더인 아버지가 삶의 목표로 삼는 것이 무엇인가에 따라 자녀들은 영향을 받게 되어 있습니다. 아버지가 분명한 그리스도인의 정체성을 지키며 살려고 몸부림치며 자녀를 가르치면 그 자녀는 마땅히 그 길에서 떠나지 않을 것입니다.

> 마땅히 행할 길을 아이에게 가르치라 그리하면 늙어도 그것을 떠나지 아니하리라 _잠 22:6

세상에서는 다툼과 불의가 판을 치지만, 우리는 그곳에서 거룩한 손을 들어 기도하며 사는 아버지가 되어야 합니다.

> 그러므로 각처에서 남자들이 분노와 다툼이 없이 거룩한 손을 들어 기도하기를 원하노라 _딤전 2:8

아버지가 먼저 그 길을 걸어가고 자녀들이 그러한 아버지의 모습을 보면서 그 길을 따라가게 이끌 수 있도록 기도하는 아버지가 되어야 합니다.

또 청년들 역시 그리스도인의 정체성이 모든 것을 좌우한다는 사실을 명심해야 합니다. 하나님께 구별된 자라는 생각을 분명히 갖고, 세상에서 그리스도인으로서 어떻게 살아야 하는지 고민하면서 진로를 준비해야 합니다. 돈을 많이 버는 것과 성공과 명성을 얻는 것이 중요하지만, 그것을 위해서만 살아서는 안 됩니다. 그리스도인으로서 살아가야 하는 삶을 고민하고 준비하는 청년들이 되어야 합니다.

사도 바울은 이 세상의 신이 믿지 아니하는 자들의 마음을 혼미하게 하여 그리스도의 영광의 복음의 광채가 세상에 비치지 못하게 하고 있다고 말했습니다(고후 4:4). 그렇기 때문에 그리스도인은 더욱더 그리스도의 영광의 복음을 담대히 비추며 살아야 합니다. 이런 능력은 하나님의 은혜로부터 나옵니다. 우리는 이러한 하나님의 은혜를 누리기 위해서 창세전에 부름을 받은 그리스도인이라는 사실을 기억하고 그리스도인으로 살기 위해 몸부림쳐야 합니다. 하나님은 이 사실을 가르쳐 주시기 위해 삼손을 종신 나실인이며 사사로 보내셨습니다.

스터디 가이드

흔히 하나님의 부르심을 소명이나 사명이라고 말합니다. 릭 워렌은 『목적이 이끄는 삶』에서 우리 삶의 목적을 설명하고 있습니다. 하나님은 모든 사람에게 삶의 목적을 주셨습니다. 이 땅에 사는 동안 삶의 목적을 찾고 이루며 하나님께 영광을 돌리며 살아야 합니다. 그런데 부르심에는 목적을 성취하는 행동(Doing)의 영역뿐만 아니라 존재나 본질(Being)에 대한 고민도 필요합니다. 하나님을 통해서 갖게 된 자신의 정체성을 인식하고 그에 맞도록 살아 내는 삶의 과정 또한 하나님의 부르심이라는 사실을 기억해야 합니다.

1. 삼손처럼 사무엘도 종신 나실인이며 이스라엘을 구원하는 사사로 보냄을 받았습니다. 사무엘은 나실인의 정체성과 사사의 사명을 어떻게 감당했습니까?

2. 사무엘과 비교했을 때, 삼손이 하나님의 부르심에 실패할 수밖에 없었던 결정적인 이유는 무엇이라고 생각하십니까?

3. 삼손의 실패한 삶에도 불구하고 하나님은 왜 삼손을 사용하셨습니까? 그 이유를 함께 나눠 보십시오.

4. 하나님이 나실인 삼손을 이스라엘의 사사로 세우셨을 때, 삼손에게 기대하셨던 삶의 모습은 무엇이라고 생각하십니까? 그리고 그 모습을 자신의 삶에 어떻게 적용시킬 수 있는지 함께 나눠 보십시오.

11
결론

　사람들은 삼손이 초자연적인 힘을 사용해서 이스라엘을 블레셋으로부터 구하기를 기대했습니다. 그러나 하나님은 초자연적인 힘을 사용하는 삼손보다 하나님께 구별된 자로 살아가는 나실인 삼손을 더 원하셨습니다. 삼손이 모태에게부터 죽을 때까지 하나님께 구별된 나실인으로 살도록 선택하신 것이 바로 그 이유였습니다. 사사의 역할은 일정 기간 동안 주어진 사명이지만, 나실인은 삼손이 누구인지를 설명해 주는 삼손의 정체성이었습니다. 삼손이 태양처럼 하나님의 빛 되심을 드러내는 나실인으로 살았다면, 하나님은 나실인 삼손을 통해서 이스라엘을 구원해 주실 수 있었습니다. 따라서 나실인으로서 자신의 정체성을 지키며 사는 것이 사사로서 삼손이 성공할 수 있는 길이었습니다.

　그러나 살다 보면 실수할 수 있고 실패도 할 수 있습니다. 그러나 실수하지 않으시는 하나님은 우리의 실수와 실패까지도 사용하십니다. 그래서 실패한 순간에도 우리에게는 소망이 있습니다. 실패한 자리에서 하나님을 만날 수만 있다면, 우리는 소망을 가질 수 있습니다. 완전히 실패해서 가장 비참하고 절망적인 순간에 삼손은 하나님을 만났습니다. 사실은 하나님이 삼손을 찾아오셨습니다. 그리고 절망하는 삼손의 그 마음을 만지셨습니다. 비록 삼손은 개인적인 원한을 갚으려고 자신의 능력을 사용했지만, 하나님은 그런 삼손에게도 은혜를 허락하셨고 그의 삶을 사용하셨습니다. 그리고 삼손을 통해서 이스라엘의 구원이라는 큰 그림을 완성하셨습니다.

실패에도 불구하고 쓰임 받았던 삼손은 이 모든 이야기의 주인공이 아닙니다. 실패한 인생임에도 불구하고 삼손을 사용하시는 하나님이 역사의 진정한 주인공이십니다. 삼손을 통해서 이스라엘에게 은혜를 베푸시는 하나님이 삼손 이야기의 주인공이십니다. 하나님은 또한 우리 삶의 주인공이십니다. 모든 것을 합력하여 선이 되도록 만드시는 하나님은 실패한 삼손과 우리의 삶을 당신의 은혜로 인도하십니다. 이런 하나님의 깊고 놀라운 섭리를 우리가 어찌 다 헤아릴 수 있겠습니까? 사도 바울의 고백이 그래서 놀랍습니다.

깊도다 하나님의 지혜와 지식의 풍성함이여, 그의 판단은 헤아리지 못할 것이며 그의 길은 찾지 못할 것이로다 누가 주의 마음을 알았느냐 누가 그의 모사가 되었느냐 누가 주께 먼저 드려서 갚으심을 받겠느냐 이는 만물이 주에게서 나오고 주로 말미암고 주에게로 돌아감이라 그에게 영광이 세세에 있을지어다 아멘 _ 롬 11:33-36

어찌 인간의 머리로 하나님의 그 깊은 뜻과 계획을 다 알 수 있고 이해할 수 있겠습니까? 만약 하나님이 전지전능하신 능력으로 우리의 삶을 인도하신다고 약속하셨다면, 하나님께 우리의 삶을 맡기고 따라가는 것이 가장 복된 일일 것입니다. 그래서 삼손 이야기는 하나님의 은혜로 풀어야 합니다. 실패한 삼손! 그러나 실패한 삼손의 삶을 통해서 은혜를 베푸시는 하나님이 삼손 이야기의 주인공이십니다. 하나님은 실패를 통해서도 일하십니다. 그것이 하나님의 은혜라는 사실을 기억해야 합니다. 그러나 실패하지 않을 수 있다면, 그래서 끝까지 하나님 편에 서 있을 수 있다면, 그 인생은 더욱 복된 인생이 될 것입니다.

"세월 지나 갈수록 의지할 것뿐이니 아무 일을 만나도 예수 의지합니다"라는 찬송가 가사가 나이가 들수록 마음에 와 닿습니다. 우리의 바람은 그와 반대일지도 모릅니다. 세월 지나 갈수록 세상을 살아갈수록 더 독립적으로 살고 싶어지는 것이 우리의 마음입니다. "세상을 살아 보니, 세상에서는 돈도 있어야 한다. 명예도 있어야 한다. 세상에서 인정도 받아야 한다. 실력도 있어야 한다. 이런 것이 없으면 아무리 신앙이 좋아도 비참하게 살 수밖에 없다"라고 말합니다. 과연 하나님도 그렇게 말씀하실까요? 아닙니다.

하나님이 실패한 삼손을 붙잡으셨을 때, 삼손은 하나님의 계획에 쓰임 받는 인생이 되었습니다. 삼손을 이끄셨던 하나님이 우리를 위해 예수 그리스도를 이 땅에 보내 주셨습니다. 이제 하나님의 부르심 앞에 스스로를 돌아보며 그리스도인으로 구별된 삶을 살아야 합니다. 이것이 우리가 마지막 순간까지 붙잡고 씨름해야 하는 그리스도인의 삶입니다.

Epilogue
에필로그

믿음의 부모와 자녀에 대한 소고

삼손의 아버지 마노아는 이스라엘 백성과 비교했을 때, 영적으로 깨어 있던 믿음의 사람이었습니다. 단 지파 전체가 하나님의 기업을 버리고 약속의 땅 밖으로 떠났을 때, 그는 죽음을 무릅쓰고 하나님의 기업을 지키려고 했던 믿음의 가정에서 자랐습니다. 하나님을 왕으로 인정하지 않고 죄로 말미암아 심각한 고통을 당하면서도 하나님을 찾지 않던 때에 하나님을 믿었던 사람이었습니다. 그리고 타락한 이스라엘 백성과 반대로 하나님께 기도하던 믿음의 사람이었습니다. 각자 자기가 원하는 대로 살던 때에 하나님을 왕으로 인정하던 믿음의 사람이 마노아였습니다.

하나님은 이런 믿음의 가정에 삼손을 보내셨습니다. 그래서 삼손에 대한 기대가 더욱 큰 것이 사실이었습니다. 그러나 삼손의 삶을 살펴보면, 믿음의 가문에서 태어난 사람이라고 말하기가 무색할 정도입니다. 한마디로 삼손은 실패한 삶을 살았습니다. 보통 실패한 정도가 아니라 이보다 더 실패한 사람을 생각할 수 없을 정도로 처참하게 실패했습니다.

믿음의 가정에서 태어났지만 실패한 모습으로 사는 제2, 제3의 삼손들이 우리 주변에 많이 있습니다. 부모님의 믿음과 기대와 달리 교회를 떠나고 믿음을 저버리고 하나님마저 떠난 자녀들이 주변에 많이 있습니다. 심지어 아버지가 목사님이거나 장로님이라고 하면서 버젓이 반기독교 활동에 앞장서는 이들을 볼 때마다 안타까운 마음을 금할 수가 없습니다.

무엇이 문제일까요? 믿음의 가정에서 태어난 자녀들이 믿음을 저버리며 살아가는 이유가 무엇일까요? 폴 트립은 자녀들이 사춘기를 지나면서 반드시 배워야 할 것이 하나님의 관점으로 세상을 보는 것이라고 말했습니다.[77] 하나님의 관점으로 세상을 봐야 문제를 정확히 찾을 수가 있습니다. 그리고 해결책도 찾을 수 있습니다. 부모님이 이것을 자녀들에게 가르쳐 줘야 합니다. 폴 트립은 이어서 부모는 십대 자녀들에게 두 가지 점에서 삶의 방향을 가르쳐 줘야 한다고 말했습니다. 부모는 자녀가 품안에 있을 때 하나님을 신뢰하는 것과 하나님의 말씀에 순종하는 삶

77 폴 트립, 『위기의 십대, 기회의 십대』, 17-40.

을 가르쳐야 합니다.[78]

우리는 이 세상의 삶 속에서 의미심장한 일들을 많이 하며 살지는 않는다. 우리들 대부분은 이 세상의 역사책에 기록되지 않는다. 그저 가족이나 혹은 몇 명의 친구들에게 기억될 뿐이다. 그것도 죽은 다음 2, 3대가 지난 후에는 완전히 잊혀지고 만다. 간단히 말해, 이 세상 삶에서 엄청나게 중요한 어떤 순간이란 그리 많지 않고 우리가 그러한 순간을 만들며 사는 것도 아니다. 그저 우리는 평범한 인생사를 살아갈 뿐이다. 우리는 화장실과 침실과 거실과 그리고 삶의 각각의 장소를 잠깐잠깐 거치며 살아간다. … 그곳이 우리가 신앙의 삶을 살아가고 있는 현장인 것이다. 그러므로 우리는 우리 자녀들에게 하나님 중심의 신앙은 삶의 가장 평범한 순간들에 초점을 맞추는 것임을 가르쳐야 한다.[79]

이를 위해서 부모는 자녀에게 어떤 상황에서든지 그 마음에 뿌리박힌 죄성을 깨달을 수 있도록 영적인 질문을 던지며 말씀을 가르쳐야 합니다. 세상의 가치관으로 무장해 가는 자녀들에게 영적 진리의 날카로움을 맛볼 수 있도록 가르쳐야 합니다.

자녀를 양육한다는 것이 쉽지 않은 것은 사실이지만, 그렇다

---

78 위의 책, 86.
79 위의 책, 86.

고 그냥 포기해서는 안 됩니다. 시간이 지나면 원래의 자리로 돌아올 것이라는 막연한 기대를 가지고 자녀를 방임하면 안 됩니다. 그것은 단 지파가 하나님이 주신 기업을 포기한 것과 똑같은 모습입니다. 부모는 거룩한 책임을 가지고 자녀를 말씀으로 양육하며 믿음의 삶을 살도록 가르치고 이끌어야 합니다.

만약 마노아 부부가 삼손에게 하나님께 구별된 나실인의 정체성과 삶을 가르쳐서 그가 하나님을 신뢰하도록 양육했다면 삼손은 어떻게 되었을까요? 부모의 믿음을 삼손과 함께 나누며 어떤 상황 가운데서도 말씀에 순종하는 삶을 가르쳤다면 삼손의 삶은 어떻게 되었을까요? 어디서부터 무엇이 잘못되었는지는 모두 다 알 수 없지만, 성인이 된 삼손의 모습을 보면 마노아 부부는 삼손을 양육하면서 믿음의 본질을 가르치지 못했던 것 같습니다. 삼손은 나실인으로서의 삶에는 관심이 없었습니다. 삼손의 관심은 오직 힘의 근원이라고 생각했던 긴 머리털을 지키는 일이었습니다.

삼손의 삶이 사사 시대뿐만 아니라 오늘날 믿음의 가정에서 일어나는 모습을 그대로 보여 주는 것 같아 안타까운 마음이 듭니다. 자녀를 위해 기도하는 부모의 역할을 한순간도 멈춰서는 안 됩니다. 끝까지 자녀를 위해 기도하며 말씀으로 이끄는 부모가 되어야 합니다. 모세는 부모에게 어떤 장소와 어떤 상황에서도 기회를 만들어서 하나님의 말씀을 가르치라고 권면했습니다

(신 6:4-9). 부모가 해야 하는 가장 중요한 일입니다.

그러나 삼손의 삶을 보면, 삼손은 믿음의 부모로부터 하나님께 구별된 나실인으로서 사는 것을 전혀 배우지 못했습니다. 그래서 자기가 원하는 것을 얻기 위해 살았습니다. 이런 점에서 부모님의 가장 크고 중요한 역할은 자녀들을 주의 교양과 훈계로 양육함으로 부모님의 믿음을 이어서 하나님을 섬기도록 돕는 일입니다.

정체성에 대한 소고

미국에서 살면서 한인 청소년들이 정체성의 혼란 탓에 방황하는 모습을 많이 봤습니다. 하루는 한 청소년이 저에게 물었습니다.

"목사님, '바나나'가 뭔지 아세요?"
"바나나? 알지. 목사님이 그거 얼마나 좋아하는데 …."

그 아이의 말을 듣고 마음이 참 아팠습니다. 부모는 한국 사람인데, 미국에 살고 영어가 더 편한 아이들. 한국보다 미국을 더 많이 알고 미국 친구들이 많아지면서 스스로를 미국 사람으로 생각한다고 합니다. 그런데 자라면서 미국 사람이 되기에는 뭔가 벽이 있는 것을 느끼고, 스스로를 '바나나'라고 부른다고 합니다. 겉은 한국 사람처럼 노랗고, 속은 백인처럼 하얀 바나나와 같이 한인 청소년이 미국 사람인 것처럼 생각하는 자신들을 빗대어 부르는 말이었습니다. 그러나 만약 한인 자녀들이 자신의 정체성을 바로 알게 되면, 이들은 놀라운 일들을 감당할 수 있는 하나님의 자녀가 될 수 있습니다.

Jesus Awakening Movement for America and all Nations (JAMA)에서 김춘근 장로님이 이런 말씀을 하셨습니다.

전 세계에 흩어져 있는 한인 디아스포라, 그리고 그들의 자녀들이 이제 세계 선교를 위해 귀히 쓰임 받을 날이 올 것입니다.

맞습니다. 미국에 있는 한인 청소년들은 한국인이면서 미국인으로 살 수 있습니다. 한국과 미국에서 다 인정받으며 살 수 있습니다. 한국 친구도 있고, 미국 친구도 있습니다. 한국 문화도 익숙하고, 미국 문화도 익숙합니다. 그래서 어디를 가든지 적응을 잘합니다. 그래서 이들을 'Korean-American'이라고 부릅니다. 이것이 미국에 사는 한인 자녀들의 정체성입니다.

그런데 Korean-American보다 더 중요한 정체성이 있습니다. '하나님 자녀'로서의 정체성입니다. 세상에서 하나님께 구별된 사람들, 예수 그리스도로 말미암아 구원받아 세상에서 거룩함을 드러내야 하는 사람들, 바로 우리가 하나님의 자녀이며 하나님께 구별된 나실인입니다. 이 사실을 부모님이 알고 먼저 지키며 살아야 합니다. 그리고 자녀에게 가르쳐야 합니다. 하나님의 자녀라는 정체성을 지키면서 살도록 가르치고 훈련해야 합니다. 이것이 부모가 받은 지상 명령입니다.

단호하게 말하자면, 삼손의 부모는 '정체성' 교육에서 실패했다고 볼 수 있습니다. 태어나기도 전부터 죽을 때까지 삼손은 하나님께 구별된 나실인이었습니다. 다른 사실들은 변할 수 있습니다. 그러나 죽을 때까지 삼손이 나실인이라는 사실은 절대로 변할 수 없었습니다. 그는 하나님께 구별된 나실인이었는데, 이것이 삼손이 기억해야 할 정체성이었습니다.

따라서 나실인이라는 정체성을 정확히 인식하지 못했고 정체성에 걸맞은 삶을 살지 못했기 때문에 삼손은 실패할 수밖에 없었습니다. 혹자는 삼손 자신이 나실인임을 알았다고 말할지도 모릅니다. 그러나 나실인으로서 모든 규율을 쉽게 어긴 것과 이방 여인과의 사랑 때문에 모든 것을 포기한 삼손의 모습은 그가 정말 나실인으로서 정체성을 지키며 살았을까 하는 의구심을 갖게 만듭니다.

삼손이 머리털을 밀지 않고 살아왔다고 해서 그가 정말 나실인으로서 하나님께 구별된 사람으로 살았다고 말할 수 있을까요? 아닙니다. 삼손의 삶은 하나님께 구별된 나실인으로서의 그 어떤 모습도 보여 주지 못했습니다. 삼손은 나실인으로서의 거룩한 삶을 일찌감치 포기했습니다. 세상의 쾌락과 자기 눈에 좋은 삶을 누리기 위해서 나실인이라는 정체성은 거들떠보지도 않았습니다. 초자연적인 힘을 위해 비밀로 간직하고 있었을 뿐이었습니다.

만약 삼손이 나실인으로서 자신의 정체성을 분명히 알고, 또 정체성을 따라 살았다면, 삼손도 사무엘처럼 멋진 삶을 살다가 하나님 품에 안겼을 것입니다. 이런 점에서 정체성 교육은 그 어떤 교육보다 더욱 중요하다고 말할 수 있습니다.

Bibliography
참고 문헌

도서

Arnold, Bill T. and H. G. M. Williamson. *Dictionary of the Old Testament: Historical Books*. Downers Grove, IL: IVP, 2005.

Atteberry, Mark. *The Samson Syndrom: What You Can Learn from the Baddest Boy in the Bible*. Nashville, TN: Thomas Nelson, 2003.

Bergen, Robert D. *1, 2 Samuel*. Vol. 7. The New American Commentary. Edited by E. Ray Clendenen. Nashville, TN: Broadman & Holman, 1996.

Block, Daniel I. *Joshua, Judges, Ruth, 1 & 2 Samuel*. Vol. 2. Zondervan Illustrated Bible Backgrounds Commentary. Edited by John H. Walton. Grand Rapids: Zondervan, 2009.

_____. *Judges*. Edited by John H. Walton. 2 vols. Grand Rapid, MI: Zondervan, 2009.

Bloom, Jon. *Thing Not Seen: A Fresh Look at Old Stories of Trusting God's Promises*. Wheaton, IL: Crossway, 2015.

Cole, Dennis R. *Numbers*. Vol. 3B. The New American Commentary. Edited by E. Ray Clendenen. Nashville, TN: Broadman & Holman, 2000.

Crenshaw, James L. *Samson: A Secret Betrayed, a Vow Ignored*. Atlanta, GA:

John Knox, 1978.

Dozeman, Thomas B. *God at War: Power in the Exodus Tradition.* New York: Oxford University, 1996.

Franke, John R. *Joshua, Judges, Ruth, 1-2 Samuel.* Vol. 4. Ancient Christian Commentary on Scripture. Edited by Thomas C. Oden. Downers Grove, IL: InterVarsity, 2005.

Hamilton, James M. Jr. *Revelation: The Spirit Speaks to the Churches.* Edited by R. Kent Hughes. IL: Crossway, 2012.

Henry, Matthew. *Matthew Henry's Commentary on the Whole Bible.* New Edition. Peabody, MA: Hendrickson, 2009.

Herzog, Chaim, and Mordechai Gichon. *Battles of the Bible: A Military History of Ancient Israel.* New York: Fall River, 1997.

Hughes, Kent R. *Living on the Cutting Edge: Joshua and the Challenge of Spiritual Leadership.* Westchester, IL: Crossway, 1987.

Klein, Lillian R. *The Triumph of Irony in The Book of Judge*s. Bible and Literature Series. Edited by David M. Gunn, vol. 14. Sheffield: Almond, 1988.

Matthews, Victor H. *Judges and Ruth.* NCB. Cambridge: Cambridge UP, 2004.

McCann, Clinton J. *Judges,* Interpretation: A Bible Commentary for Teaching and Preaching. Edited by James Luther Mays, Patrick D. Miller, and Paul J. Achtemeier. Louisville, KY: John Knox, 1989.

Merrill, Eugene H. *Deuteronomy.* Vol. 4. The New American Commentary. Edited by E. Ray Clendenen. Nashville, TN: Broadman&Holman, 1994.

Mobley, Gregory. *The Empty Men: The Heroic Tradition of Ancient Israel.* The Anchor Bible Reference Library. Edited by David Noel Freedman. New York: Doubleday, 2005.

Partner, Peter. *God of Battles: Holy Wars of Christianity and Islam.*

Hammersmith, London: HarperCollins, 1997.

Toynbee, Arnold. *A Study of History*. Vol. 1. Reprinted. New York, NY: Oxford University Press, 1988.

Warren, Rick. *Purpose Driven Life*. Grand Rapids: Zondervan, 2002.

Wilcock, Michael. *The Message of Judges: Grace Abounding*. Vol. 3. 26 vols. The Bible Speaks Today. Edited by J. A. Motyer. Downers Grove, IL: Inter-Varsity, 1992.

Webb, Barry G. *The Book of Judges*. Edited by R. K. Harriosn and Robert L. Hubbard, Jr., Grand Rapids: Eerdamas, 2012.

Younger, Lawson K. *Judges and Ruth*. The NIV Application Commentary: From Biblical Text to Contemporary Life. Edited by Terry Muck. Grand Rapids: Zondervan, 2002.

C. S. 루이스. 『순전한 기독교』. 장경철, 이종태 역. 서울: 홍성사, 2017.

김동호. 『자식의 은혜를 아는 부모』. 서울: 규장, 2001.

목회와 신학 편집부. 『여호수아 어떻게 설교할 것인가』. 두란노 HOW 주석. 서울: 두란노 아카데미, 2009.

랄프 클레인. 『WBC 성경 주석: 사무엘상』. 김경열 역. 서울: 솔로몬, 2004.

성재민. 『소셜 캠페인 마음까지 마케팅하라: 트위터와 페이스북, 성공하는 소셜미디어 마케팅의 7가지 비밀』. 서울: 인물과 사상, 2012.

오스왈드 챔버스. 『순례자의 노래: 오스왈드 챔버스의 시편 묵상』. 스데반 황 역. 서울: 토기장이, 2013.

옥성석. 『어처구니를 붙잡은 삼손』. 서울: 국제제자훈련원, 2006.

이중수. 『약점에도 불구하고 하나님께 쓰임 받은 사람 삼손』. 서울: 부흥과 개혁사, 2004.

폴 워셔. 『복음』. 조계광 역. 서울: 생명의 말씀사, 2013.

폴 트립. 『위기의 십대, 기회의 십대』. 황규명 역. 서울: 디모데, 2004.

필립 세터트웨이트. 『역사서』. 김덕중 역. 서울: 성서유니온, 2009.

트렌트 버틀러. 『WBC 성경 주석: 사사기』. 조호진 역. 서울: 솔로몬, 2011.

_____. 『WBC 성경 주석: 여호수아』. 정일오 역. 서울: 솔로몬, 2004.

페니 프랭크. 『힘쎈 자, 삼손』. 서울: 기독지혜사, 1992.

후스토 곤잘레스. 『초대 교회사』. 개정증보판. 엄성욱 역. 서울: 은성, 2012.

아티클 및 간행물

Kolf, Catherine. "Fast Eye Movements: A Possible Indicator of More Impulsive Decision-Making." Johns Hopkins Medicine News and Publications. 2019년 3월 19일 접속. https://www. hopkinsmedicine.org/news/media/releases/fast_eye_movements_a_ possible_indicator_of_more_impulsive_decision_making.

김진섭. "어떻게 설교할 것인가" 주제별 설교 시리즈: 리더십. 이형기 편, 7월호, 통권 289호. 서울: 두란노, 2013.

신동명. "점·사주에 눈 돌리는 기독교인 급증." 기독교 타임즈. 2018년 9월 12일 접속. http://www.kmctimes.com/news/articleView. html?idxno=44570.

정기호. "점 보러 다니는 기독교 신자들." 당당뉴스. 2013년 7월 12일 접속. http://www.dangdangnews.com/news/articleView. html?idxno=5387.

동영상 및 음성 화일

Keller, Timothy J. "The Silent Sovereignty of God: Esther 2:5-10, 16-23." preached April 15, 2007 [CD]. Available from http://www. redeemer.com.

이유남. "내 아이를 더 멋지게 키우는 방법" 세상을 바꾸는 시간, 15분 (2017년 11월 7일 강연). 2020년 1월 16일 접속. https://youtu. be/2c1is-1Z4SQ.